マンション管理員オロオロ日記

当年72歳、
夫婦で住み込み、
24時間
苦情承ります

南野苑生

まえがき――マンション管理員は、なぜ年輩者ばかりなのか？

マンション管理員といえば、エントランス横にある小さな事務所にちょこんと座っている年輩男性というイメージをお持ちの人が多いのではないだろうか。

たしかに管理員は高齢者と相場が決まっている。若くてもせいぜい60歳くらいだろう。管理員は定年退職をしてから就労している場合がほとんどである。まだまだ元気だから、じっとしているのが嫌だから、人と話すのが好きだから、なんとか生活費を稼ぐため等々、さまざまな理由で、第二、第三の人生を送ろうとする人たちが支えている職業といっていい。

ところで、なぜ老人ばかりなのだろう。

ずばり言おう。賃金が安いからである。

大阪の分譲マンションに夫婦住み込みで勤務する私の現在の給料は手当てを含めて月17万円。そこから所得税や健康保険、雇用保険、住民税などが天引きされ、実質手取りは15万円程度といったところである。「副管理員」という立場の家内のほうは月にもよるが平均で6万円強。手取りだと夫婦合わせて21万円ほどの額*なのである。

これだけ賃金が安ければ、ほかに働き口がある若者はまずやってこない。その点、第二、第三の人生である高齢者の場合、年金をもらっていたり、*退職金があったりするから、薄給も辞さない耐久力がある。彼らを雇う管理会社にとっても、そのほうが都合がよい。

それともうひとつは、マンション管理員という職業が、若者ではこなせない職務内容を多分に含んでいるからであろう。

管理業務における最大の要諦は住民さんとの対話である。

対話といっても、はじめからケンカ腰で怒鳴り込んでくる人もいれば、酔っぱらってフラフラになって駆け込んでくる人もいる。酸いも甘いも噛み分けた器量の持ち主でなければ、本来できない職務なのである。

とエラソーに言ってみたものの、マンション管理員歴13年を誇る私も、そのことに気づいてようやくそれらしくなったのはほんの数年前にすぎない。それまで

21万円ほどの額
ただし、本文中でも詳しく述べるが、家賃は要らないし、電気・水道代は管理組合の負担となるためタダである（ガス代だけは個人負担になる）。

年金をもらっていたり
われわれの場合、私が約15万円、家内が約7万円の年金を受給している。会社員時代には厚生年金に加入していたが、独立後の苦境時代（1章で詳述）に未払い期間があったため、この金額である。

はじつに至らぬ管理員であったといわざるをえない。

詳しくは本文で記すが、経済的にどん底に落ちてしまった私たち夫婦が生き残る道はここしかなかった。若い時分は多少の自惚《うぬぼ》れもあって、自分ならなんとかなると思っていたのだが、やはり自惚れだけでは生きていけないのだ。

住民によっては蔑《さげす》みの目で見られることもあるし、そのような捉え方で理不尽に責められたりすることもある。

しかし、せっかく与えられた場所ならば、そこで咲いてみようと思ったのだ。

本当にやる気になれば、そして頑張れば、報われるときがくる。

紆余曲折を経たものの、幸い私たちは住民さんに認められ、この仕事に誇りと充実感を感じることができるようになった。

本書はその意味で、酸いも甘いも噛み分けられない、ズブの素人であった私が、一応一丁前の管理員として自覚するに至る奮闘の記録であるといっていい。

13年ものあいだ、管理員として、そこに暮らす住民さんたちの最前線でさまざまな仕事をしてきた。怒りがあり、悲しみや哀しみがあり、笑いがあった。本書に記すことは、すべて私が実際に体験した事実*である。

私が実際に体験した事実　マンション住民たちの織りなすエピソードの数々はトホホな事実の集積であるとはいえ、管理員にとっては笑って済まされない要素を多分に含んでいる。もちろんすべて実体験だが、登場する人物、施設、団体名称は仮名とさせていただいた。

定年を迎え、もうひと頑張りしてみたい、あるいは私のように事業に失敗し、どこへも行くところがない、そういった人にも頑張れる世界がある。それがマンション管理員の仕事でもある。

ふだんからマンション管理員に接する人もそうでない人も、楽しくお読みいただきながら、なにかを感じていただければ幸いである。

マンション管理員オロオロ日記◉もくじ

第3章　住民には聞かれたくない話

第4章 マンション管理員の用心と覚悟

装幀◉原田恵都子（ハラダ＋ハラダ）
イラスト◉伊波二郎
図版作成◉二神さやか
本文組版◉閏月社

第1章

管理員室、本日もクレームあり

某月某日　小間使い：苦情承り人としてのマンション管理員

マンション管理員は確実におまわりさん扱いされている。

もちろん、公僕として住民のみんなから頼りにされ、尊敬の眼差しで見られているという意味においてではない。

騒音問題の仲裁であったり、部屋で暴れる奥さんの緊急対応や立ちション目撃者からの通報などなど、日ごろのウップンの聞き役であったり、癪《しゃく》にさわることを注意してもらおうという人たちの受け皿、もしくは苦情承り人と目されているのが、マンション管理員の実情なのである。

今日も、私たち夫婦が住み込みで勤務する「泉州レジデンス」の管理員室に住民の若い奥さんから電話がかかってきた。

時刻は午後6時を少し回ったころ。私の代わりに電話に出た家内に、彼女は「今から病院に行きたいと思うので、タクシーを呼んでほしい」と言うのであっ

た。

　マンション住まいの方はご存じかもしれないが、マンションの使用細則*には、「組合員*たるべき区分所有者は管理員に私用を依頼しないこと」という項目が掲げられている。組合員であれば、知っていて当然のお約束事だ。だが、奥さんはどうやら組合員としての自覚をお持ちではなかったようである。

　〝億ション〟とも呼ばれる超高級分譲マンションでは、受付に日勤のコンシェルジュを置き、飛行機の予約や新幹線の予約、クリーニングの手配といった、ホテル並みのサービスを提供してくれるところもある。だが、億ションではない「泉州レジデンス」に、そんなスグレ者のいようはずもない。

　この地の情報に疎い家内が「このあたりのことは不案内でして……。出入り業者の電話番号控えにもタクシー会社は載っておりませんし、まことに申し訳ありませんが、電話局でお聞きいただけませんか」と言うと、「お金を払うから、そちらで調べてほしい」と頼まれた。

　家内が１０４に電話し、３社ほどのタクシー会社の電話番号を控え終えたとき、見透かしたかのように「タクシー会社とは連絡がついたか」との催促の電話が

使用細則
たいていのマンションは国交省の作った「標準管理規約（雛型）」に基づいた管理規約を採用している。使用細則というのは、その下位に位置するもので、マンションに住むに当たって住民の遵守すべき細かい規則が定められている。

組合員
分譲マンションを買った者は「区分所有法」という法律により、必ず管理組合員にならなければならない。

あった。

その旨を伝えると、「そんなのどこでもいいから、早く来てもらうようにして」との返事。

それから数分、タクシー会社への手配を済ませた家内が連絡を入れるとすぐに奥さんがエントランスにやってきた。家内の言によれば、笑顔で現れた奥さんはとても具合が悪くて病院に行く人*とは思えない、きちんとした服装だったという。

そして待つこと5~6分。彼女の代わりにアプローチに出て、タクシーの到着を待っていた家内が「タクシーが来ました」と告げると「ありがとう」と軽く言い残し、タクシーに乗り込んでいったのだった。

だが、驚きの行動は、それだけでは済まなかった。

翌日、私が窓口にいる時間帯に現れた彼女は、親指と人差し指の間に2枚の10円玉を挟み、「これ、昨夜、奥さんに電話していただいた電話代。払っときますわ」と、いかにもこれ見よがしな動作で差し出したのだった。

もちろん、そんなもの、受け取れるわけがない。

「いや。結構です」と言うと、その奥さんは受け取らないのが不思議と言わんば

具合が悪くて病院に行く人
これまでの経験でいうと、こういう人は自分で救急車を呼び、部屋着のまま、ストレッチャーに乗せられて運ばれていくのがふつうである。

かりに、小首を傾げながら訊ねる。

「本当に要らないんですか？」

「本当に要りません。[*]それより奥さん、お身体のほうはどうだったのですか。104にも電話がかけられないほど具合が悪かったとか……」

「はい。それは、まぁ……」

「よくなられたんですね。それはよかった。ところで、奥さん、今回は構いませんが、次回からこうしたことはご自分でなさるようにお願いしますね」

奥さんはバツが悪そうに、10円玉を強く握り締め、さきほどと同じように小首を傾げながら、その場を去っていった。

それにしても、あの「お金を払うから」は「仕事に見合う対価は払う」という意味ではなかったのだろうか。

電話局での番号案内は1件につき60円[*]が必要だ。

管理員の手間暇はサービスさせていただくとしても、3社の番号案内代180円、住民さん宅とタクシー会社への3回の電話代が30円として、最低210円は払わなければならないよね——とは、この話を聞いてくれた「泉州レジデンス」

本当に要りません
当マンションの管理員は現金は扱えないことになっているので、20円をもらったところで処理に困る。その金員を「臨時収入」扱いにして管理組合の収納口座に入金するにしても、それ以上の振込手数料が発生してしまうからだ。

番号案内は1件につき60円
このエピソードは今から11年ほど前の出来事で当時の値段。2020年7月現在、1件の番号案内につき200円の手数料が必要。随分と値上がりしており、隔世の感がある。それだけ番号案内の需要が減ったのかもしれない。

理事・四宮さんの感想であった。

某月某日　**水漏れ**：修繕費は誰が持つのか？

管理員室で昼前に終わった水道検針の結果を集計していたところ、電話がかかってきた。

「洗面所の天井から水が漏れているんです。廊下の天井や壁にも水の伝った跡が残っています。この上の階を調べてくれませんか？」

マンション管理員たるもの、こんなとき慌てて直上階へ走ってはならない。

被害がどの程度のものかがわからないまま上階に行っても、ドアから出てきた住民に「いったい、うちがどんなことをしたというんです」と不信感に満ちた顔でにらまれ、「すみません。もう一度階下に行って見てきます」となったのでは、管理員としての資質*そのものが疑われることになる。

まず被害の状況をできる限り的確に把握する。できれば、デジカメなどを持っ

管理員としての資質
管理員は、先々のことを

ていって現場の状況を撮影しておくのがいい。のちのちの保険申請のためにも証拠写真は必ず撮っておく。そうしておくと保険屋さんも手間が省けて、力になってくれたりする。

水漏れを訴えた住民・岸田さんの住戸に行ってみる。ほっそり面長の、いかにも神経質でクレームを言いそうな奥さんであった。

心を落ち着けて、どんな状態かをひと通り聞く。クレーム対応というのは、まず聞くこと。相手の言い分に耳を傾けることにある。

そして言い分にじっくり耳を傾けたあと、してはならないのは安易な判断*に基づく明言だ。親切心を発揮して、査定も受けないうちに「これは保険が利きますから」などと言ってしまう管理員さんがいるが、予断を与えるのがもっともよくない。保険で対応できるか否かは保険会社が決めることであり、保険で対応するかどうかは、管理組合が決めることなのである。

岸田さん宅を確認してみる。

なるほど洗面所の天井には水が流れた跡があり、岸田さんの言うとおり、今もぽつりぽつりと手すりに水滴が落ちている。洗面室入口の床にも少し濡れた感じ

見込んでの言動を要求される。物事のありようをしっかりと把握してから、報告する義務が課せられるのである。何度も同じことを訊ねたり、不用意なことを発言したりすると、それだけで住民たちの不信を招くことになる。

安易な判断
「マンション管理員は判断してはならない」と研修時代にしつこく指導された。判断はせずに、とにかくフロントマン（後述）に指示を仰いでから動けということになっている。

がある。さらに廊下へ出てみると、その壁や天井にも水の流れた跡がある。しかし、たいしたものではなく、いずれも乾けば問題ないという程度だ。

「水漏れ箇所は以上ということでいいですね。では、上へ行って見てまいります。管理組合にも連絡を入れ、業者にいつ来てもらえるかをまた連絡させてもらいます」

と、ここまでは、セオリーどおりだった。

続いて、私は直上階の安藤さん宅に向かった。

「すみません。下の階の方から水漏れの報告がありましたもので、ちょっとお部屋を拝見させてもらいたいのですが」

ふっくらとした奥さんが「ああ、いいですよ」との明るい返事。なにも異変に気づいていないらしい。奥さんの後について玄関に足を踏み入れようとする。

と、驚いたことに足の踏み場がない。* 玄関のほぼ全面に履物の類いが脱ぎ捨てられてあるのだが、玄関灯が点けられていないため、よく見えない。

「どうぞ。そのまま入ってください」

そう言われても、どこをどう歩けばいいのか。ええい、ままよとばかり、足元

足の踏み場がない
こういうのが今の言葉でいうところの「汚部屋（おべや）」というものになるのだろう。テレビではよく放映されているが、実際に目にするのも、足を踏み入れるのも初めてで驚いた。

にあった靴を左右に押し退けて自分の靴を脱ぐ。すると今度は廊下に足の降ろし場がない。

　リビングといい廊下といい、ところ狭しと衣服の脱ぎ捨てられたのが散乱し、ところどころ小山になっている。ジュースやなにかの飲み残した容器もその辺に転がっている。が、私もいつまでも驚いているわけにもいかない。

「では、まず洗面所を見せてもらえますか」

「はい。どうぞ」

　そこもゴミ溜めのスペースかのように女性もの男性もの問わず、しわくちゃになった衣服と下着が山積みになっていて、洗濯機のホースそのものが見当たらない。洗濯をしようとして、そのまま積み上げられてあるもののようだ。

　衣類の山をかき分けていくとようやく底が見えてきた。でも、濡れていない。

「では、トイレのほうを見せてもらえますか」

　トイレタンクの手洗器に、これまたところ狭しの飾り物。*

　腰をかがめ、便器の下端に注目すると、その縁をめぐって、うっすらと水のラインができている。

飾り物
赤や青、黄色といったガラス玉のこと。じつをいうと、これがトイレタンクの小さな穴をふさぎ、水がタンクの中に落ちていかないようにしていた元凶なのであった。

これだ。便器の中から、なんらかの原因で大量の水があふれ出て便器の外側を伝わり、階下の天井へ。そして天井から壁を伝って、廊下や洗面所まで流れていったのだ。と、まあ、そこまでは私の勝手な想像だが、そんなことを口にするわけにはいかない。「判断を下さない」というのが管理員の鉄則だからだ。

「奥さん、トイレタンクの故障が原因かもしれません。最近、トイレタンクを動かしたとか、なにかの加減で水をこぼしたとか、そんなことはありませんでしたか」

「いえ、なかったと思いますけど」

「そうですか。わかりました。詳しくは業者に調べてもらうことになります」

一応の調査を終え、階下の岸田さん宅に行って中間報告。結果や結論が出なくとも、イライラを募らせた奥さんがこっちに電話をしてくる前に手を打っておくのである。現状を報告すると、

「で、これは保険対応になるんでしょうか。それとも、上の階の方に弁償してもらうことになるのでしょうか」

「いや、その辺については、私のほうからはなんとも言えません。保険会社の査

定をもとに管理組合が判断することですから」

「わかりました。なるべく早くお願いしますね」

その足で理事長に報告を入れ、業者に調査に来てもらうことに了承を得た。

すると、その日の夕刻、安藤さんから電話がかかってきた。

帰宅したご主人に調べてもらうと、タンクの穴が塞がれていて、タンクに補充される水が外側に流れ出たのだと思う。だから、決して汚い水ではないし、量もそれほど多くはないはず。それでも迷惑をかけたので、自分が岸田さんに謝っておく、ということであった。

いずれにせよ、これでプロによる原因調査をする必要はなくなったわけだが、後日、その話を安藤さんから聞いたという岸田さんがやってきた。ずいぶん怒っている。

「あの言い方は失礼ですよ。いくら便器の中の水ではないにしても、天井裏を伝わって流れてきた水ですよ。築後何十年も経っているんです。汚れてないわけがないじゃありませんか。洗面所の天井や床、壁はもちろんのことですけど、廊下の天井や壁、絨毯もすべて新しいものにしてもらわないことには、こちらとしては承服できません」

なかなかの剣幕である。

「というと、玄関まわりも含めて全面やり替えということに？」

「そりゃそうですよ。一部だけ替えても、同じ色にはならないでしょ」

「業者さんには、奥さんがおっしゃるとおりの見積りを出してもらうことにしましょう。ただし、全部が全部、保険が適用できるとは限りません*ので、そこのところは……」

「こちらは一向に構いません。管理組合のマンション保険で対応できないところは、上の階の方に個人的に弁償してもらうだけのことですから」

「あ、そういうおつもりなのですね」

当の保険屋さんにしても、自分の腹が痛むわけではなし、せっかくの大口が解約されてもつまらないから、見積書どおりの請求額を負担しようということになったのだろう。

焼け太り、ならぬ水太り。結局のところ、全額保険対応となった岸田さん宅は、洗面室ばかりか、玄関入口から廊下の突き当たりまで、新築当時同様の設《しつら》えに生

保険が適用できるとは限りません
とはいうものの、私のこれまでの経験によると、100%見積書どおりの金額が支払われている。なかには500万円もの金額が支払われた事例もある。マンション住民のための特別な保険である以上、組合のほうも強いことをいえるのかもしれない。

まれ変わったのであった。

某月某日　マンション管理員の日常：朝起きてから夜寝るまで

私は今から13年ほど前に、家内とともにマンション管理員になった。

私たち夫婦がそれまでまったく未経験であったマンション管理員になるまでの経緯はおいおい述べるとして、13年間におよぶ管理員歴で現在、住み込みで勤めている分譲マンション「泉州レジデンス」は３つ目の赴任先であり、ここでの勤務はこれまでで最長の11年目に突入する。

「泉州レジデンス」の戸数はざっと１４０戸。バブル経済も終焉しようとするころ、デベロッパーである某社の元請けが開発し、大手建設会社が施工した物件だけあって、一番安い住戸でも当時３０００万円以上はしたという。

なかでも最上階にあるルーフバルコニー付きの住戸*は５０００万円を超えていたらしい。ビルは堅牢で、私たちが赴任した当初、「あの阪神大震災でもビクと

ルーフバルコニー付きの住戸
防犯上などの理由で管理員は部屋の中に入ってはならないことになっているので、部屋の造作まではわからない。この住戸は部屋数４ＬＤＫ。住居スペースだけでほぼ１００平米。そこにルーフバルコニー約44平米が付き、トータルで１５２平米だった。

もしなかった」と誇らしげに語ってくれた住民さんもいるくらいだ。
「泉州レジデンス」での私の勤務時間は、午前9時から午後5時まで。月曜から金曜日までで、土日は休みの週休2日制である。ただし、副管理員という立場の家内は午前中のみの勤務で、あとは同様だ。

朝9時の少し前に管理員室を開ける。そのころ清掃員さんが出勤*するので、清掃チェックリストと清掃員室のカギを渡す。12時前に清掃員さんが帰るので、チェックリストとカギを受け取り、管理員室を閉めて昼食に入る。13時前まで食事休憩し、13時5分前に管理員室を開け、午後5時まで窓口での受付業務となる。

窓口にいれば、来客用駐車場にクルマを停めたい外来者、工事業者などに一時駐車許可証を発行したり、フロントマンとの連絡、住民からのクレーム対応などがあり、理事会の議事録の作成や文字校正、できあがった議事録を印刷し、全戸に配布したり、といった業務もある。

それ以外にも住民からの苦情処理や、その内容を周知するための貼り紙の作成、理事長への連絡と承諾、各種文書の配布、館内各所の目視点検、残留塩素の測定、*

清掃員さんが出勤
この人は午前中のみの勤務。エントランスまわりの拭き掃除などをする家内とは違い、館内全域と駐輪場やアプローチ、各階廊下の拭き掃除がメインである。

残留塩素の測定
日本の水道水は「水道

週1回の水道親メーターの点検など、細かいことをいちいち書きだせばきりがない。項目だけでも数十に及ぶ。

午後5時をすぎると窓口を閉め、いったん自宅（管理員室に併設）に戻り、私事を済ませたあと、その日最後の巡回をする。

夕方の巡回時間は、季節にもよるが、基本的には館内照明が点灯してからのこととなる。というのも、蛍光管が切れているかどうかは、照明が点かなければわからないからである。

これがざっとした私のルーティンである。住民からのクレームが立て続けに入ることもあれば、なにごともなく穏やかにすごせるときもある。なにもないときは本当にほっとする。

管理員室*に併設された管理員の居室は2DKが一般的。平米数は他の住戸とほぼ同じだが、管理事務所も併設している分だけ居室が狭い。

そんな〝わが家〟は、6畳間と4畳半の2室。そして6畳のダイニングキッチン、バス・トイレ付き。家賃はタダだ。水道料金と電気代も、管理組合の経費として落ちるため、払う必要がない。ただし、ガス代だけは個人持ちとなる。

法」で塩素を入れることが義務付けられている。なので、蛇口までの水道水は水道局の浄水場で投入された塩素が残っている。これを残留塩素といい、その濃度を測定することで、その水道水がちゃんと飲めるようになっているかを判断する。これを毎週測定し、確認するのも管理員の仕事である。

管理員室
本来、「管理事務所」と「管理員の居室」は別物であり、別々の入口を持ちながら、内部でつながっている。内部の扉を閉めれば「管理事務所」と「管理員の居室」とは互いに独立した部屋となり、「管理事務所」を通らずとも居宅に出入りできる。本書ではまとめて「管理員室」と表記する。

「泉州レジデンス」でのある夏の一日

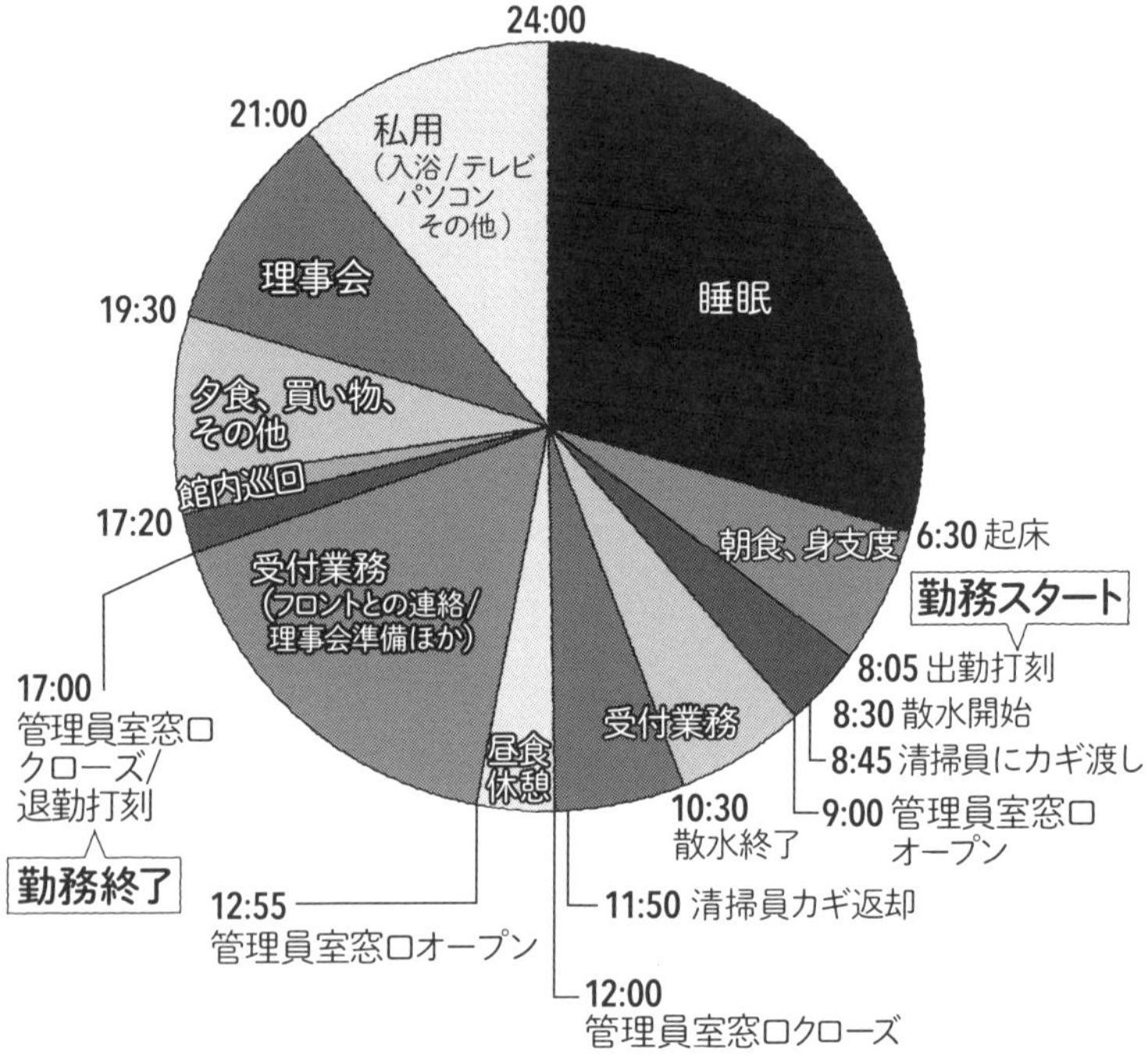

＊9時前の業務には事前の届けがない限り給与は発生せず、事実上のサービスとなっている。
夕方の館内巡回も同様。ただし、理事会への出席については事前に残業申請しており、残業代が出る。

ことのついでに、管理組合について触れておこう。

分譲マンションは国の法律で、その所有者*が管理組合の組合員となり、その運営に携わらなければならないと規定されている。

そして、管理組合は、マンションの維持管理を図るための理事会を開催し、その決定のもとで物事を進めていくことになる。

よく理事会役員はボランティアであって、必ずしもならなくてもよいのだという解釈をする人もいるが、これは組合員としての義務であって、決して「自由参加」や「自己志願のチャリティー活動」などではない。

私も新規理事になった方々に毎年、説明させてもらうのだが、国民が税金を払わなければならないのと同じ理屈で、イヤでもやらなければならないのである。

ちなみに賃貸マンションの場合はそうした規定はなく、管理組合も結成する必要はない。

管理組合といえばなにやらエラソーではあるが、住民たちで構成されているわけでマンション管理の実務知識に関しては、ほとんど「ズブの素人」である。

所有者
これを分譲マンションでは区分所有者と呼び、区分所有法によって組合員として定められている。賃貸の場合は借地借家法が適用され、単なる賃借人となる。

そこで登場するのが「管理会社」という名のアドバイザー。

給排水設備や各住戸の雑排水管洗浄、電気設備、消防関連器具・施設等々、施設管理に関する〝管理のプロ〟が彼らだ。

「泉州レジデンス」の管理を請け負っているのが、マンション物件管理会社「レゼルヴ・コミュニティ」である。

私たちは「レゼルヴ・コミュニティ」から給料を支払われるかたちで「泉州レジデンス」に勤めていることになる。

マンション住まいでない人には、ちとややこしいかもしれない。私の所属している会社、つまり直接の雇用主は「レゼルヴ・コミュニティ」であり、たまたま赴任先になった勤務先が「泉州レジデンス」なのである。

数年前、〝上から目線〟の住民と駐輪場の件でトラブルになった折、「誰のゼニ*でメシが食えていると思っているのか」と逆ギレされたことがあった。

私が給料をもらっているのは「レゼルヴ・コミュニティ」ではあるが、その原資は住民が毎月納める管理費（管理委託手数料*）なので、その住民が言ったことも、あながち間違いとはいえない。

誰のゼニで
亭主関白な夫が専業主婦である妻に向かって威張りくさるのと同じなのか、実際にこのようなことを言う住民がたまにいる。典型的なのは、無断駐車をしているクルマを見つけて、管理員室に駆けこんでくるときだろう。「あんた、どこ見てんのや。駐車禁止区域にクルマ停めてるがな。しっかり見とかんかい。なんのために、高いカネ払うてる思うてるんや」。高いカネといったところで、マンション全戸数分の1の金額にすぎないのだが……。

管理委託手数料
管理会社に支払われる「管理委託手数料」は組合員が徴収されている「管理費等」の中から支払われる。末尾にある「等」という言葉は「修繕積立金」も含まれると

管理会社はマンションの管理組合から仕事を請け負っており、さらにその管理会社から仕事を請け負っているのがわれわれマンション管理員という構図である。

こうしたことから必然的に、マンション管理員とは管理組合にも管理会社にも気をつかわねばならない存在ということになってくるわけだ。

某月某日　貼り紙の抑止効果：不法駐輪を食い止める方法

一般的にいって、掲示板や壁、エレベーターなどに警告文を書いた貼り紙の多いマンションは管理が行き届いていない。しかも、その警告文が何年にもわたって掲示してあるマンションほど性質《たち》が悪い。

この業界に初めてご厄介になったとき、研修させていただいた管理員さんに言わせれば、そういうのは管理員の怠慢以外のなにものでもないのだそうだ。

たとえば、自転車置き場――。たいていの駐輪場には、「自転車は所定の場所に置きましょう」「ここはバイクの置き場です」「ほかの人の邪魔にならないよう

いうことを指す。組合員の中には徴収額のすべてが管理会社に持っていかれているように思っている人もいるが、修繕積立金は組合員の資産であり、管理会社は手を付けられない。

整理整頓しましょう」などと書いてある。

つまり、住民に注意を促すことによって、使い勝手のよい駐輪場にしようとしているわけだが、その管理員さんに言わせれば、それがそもそもの間違い。貼り紙は一度読めば、そのあとは無視されるものであって、抑止効果にはならない。あって1日程度。むしろ、管理員の駐輪場管理*の仕方が悪いことの証明になるのだそうである。

では、どうするか。

その管理員さんがこう教えてくれた。まず貼り紙の類いは一切しない。その手のものはすべて外す。そして誰かが変な停め方をしていても、見て見ぬふりをするのだ。

「そんなことをすれば、ますますひどくなるじゃないですか」

どちらかといえば、人間性悪説を認めている私*。人間、根本的にはラクをしたくて生きていると思っている。

「いやいや、そんなことはありません。ただし、ふんぞり返っていてはダメです。自分が率先して整理整頓に努めるのです」

駐輪場管理
「自転車が盗まれた。管理者としての責任をとれ」と言ってくる住民さんがいる。よく勘違いされるパターンだが、管理組合や管理員に責任はない。基本的に駐輪場での自転車やバイクの管理は自己責任で行なわなければならない。盗られた場合も、たいていはカギをかけていなかったということが多いものである。

人間性悪説を認めている私
私見だが、人間、生まれついたときから悪いことをするようにできている。少なくとも、ズルを

「ほう」

「そうしていると、きちんと入れてくれる人が現れます。そしてきちんと入れてくれた人には、必ず礼を言うようにしています。そうしたことを続けていれば、今ではご覧のとおり立派なもんです」

「なるほど、率先垂範《そっせんすいはん》。山本五十六《いそろく》の『やってみせ、言って聞かせて、させてみせ、褒めてやらねば、人は動かじ』という、あれですね」

「入れちゃ出され、出されちゃ入れ……まるでイタチごっこでした。ただし、ここまでくるのに半年かかりました。なんだってそうですよ。『○○しないようにしましょう』と言っただけでは、まして貼り紙だけでは人は動いてくれないのです」

「いいお話ですねぇ。私も使わせていただくことにしますよ」

と、まあ、アタマでは理解したものの、実際にそのようなシーンに出くわすと、ついカラダが反応して不埒な感情が顔に出てしまう。駐輪禁止場所に停めている住民を見かけたりすると、思わずイラッとする。持って生まれた性格が歪んでいるのかもしれないが、あの管理員さんのようにふっくらとした笑みが湧くまでは

してでもラクに生きたいと思っている人間が大半だと思う。もし本当に人間の本性が善であるなら、悪を取り締まる法律やそれを未然に防ごうとするルールなどは不要だろう。「モーセの十戒」ではないが、その昔から、人間は自堕落でふしだらでノラクラにできているのだ。

まだまだ時間がかかりそうである。

ある日、マンション住民の河合さんが50ccバイクにまたがったまま、エレベーターに乗るところを目撃。思わず声を出しかけたことがある。

そのとき、「なんや、なんか文句あんのか」という表情でにらまれ、つい言いそびれてしまった。

マンションによっては、上階へ自転車やバイク*を持ってあがってもよいというところもある。が、置き場所は言うまでもなく、みんなの生活路である共用廊下だ。消防署によれば、避難の邪魔になるので、ここに私物の類いは一切置いてはいけないことになっている。

ところが、いったんこのようなクセがつくと、住民はなかなか言うことを聞いてくれない。そこで、ずるずるとやっているうちに、いつのまにか公認ということになってしまうのだ。やっぱり、人間ラクをしたくて生きている。

上階に自転車やバイクを持ってあがる住民にも、それなりの言い分があって、「100万円もする高級自転車が盗まれでもしたらどうする」とか、「シートを

上階に自転車やバイク
管理会社に委託をしない「自主管理」のマンションは住民が組合員として共用部分を大事にしようという自覚もなく、自分勝手な判断でマイルールをこしらえたりしているので、こうしたことが起こりやすい。管理組合がいい加減であればあるほど、マンションはスラム化してしまう可能性がある。

カッターナイフで切られたら弁償してくれるのか」とか、いろいろなことを言いだす。

で、くだんの河合さんの行状をどうしたものかと、かねてからそうした不法駐輪に不平をこぼしていた理事長に相談した。

「ああ、放っとけばいいんですよ」

「え、いいんですか。上階への持ち込みは禁止するんじゃなかったんですか」

「いいですよ。どうせお歳なんだから。もう1～2年の辛抱」

基本的に、管理会社は管理組合から「お給料」をもらっている。その仕事の中身を決めるのは、あくまでも管理組合なのだ。

ルールや決めごとを押し通すだけが正義ではない。江戸時代のだれかさんではないが、「鳴かぬなら鳴くまで待とうホトトギス」ということなのだろう。

某月某日　**オロオロ**：私の守護神は救いの女神？

夏の暑い盛り、私は汗を垂らしながら、アベリア*やバラ、初雪カズラなどが植わる植栽に散水していた。

水を撒きながら、後方確認もせず全長10メートルの散水ホースを手繰り寄せたのが悪かった。ホースがたまたまそこを通りかかった住民さんの足に引っかかりそうになった。

が、当の私はといえば、散水に夢中でホースのことなど視界に入っていない。住民さんにしてみれば、素知らぬ顔で水を撒き続ける私がよほど横着な態度に見えたのだろう。

「おいっ！　もうちょっとでコケるとこやったぞ。しっかり後ろ確認してから、ホース引っ張らんかい！」

「すみません。気がつかなくて……」

アベリア
公害に強い低木で、街路樹として交通量の多い道端に植えられていることが多い。白い小さな花が咲き、ちょっと甘酸っぱい香りを放つ。枝はよく伸び、直線的で、種類によっては2メートル以上にもなり、幹は乾燥すると金属かと思えるほどの硬さになる。家の鍋の取っ手がとれたので、それを代用したが、10年以上もしっかりその役目を果たしてくれているスグレものである。

片手で水を撒きながら言う私の態度がよくなかった。ただでさえ苛立っている相手の形相がさらにみるみる変化していくのがわかった。

「おまえ、ケンカ売ってんのか！　なんじゃ、その態度!!」

その顔は険悪そのもの。今にも殴りかからんばかりだ。

私はホースを地面に置き、もう一度頭を下げて「すみませんでした」と詫びの言葉を述べた。

しかし、いったんついた火はさらに燃えあがってしまう。

「調子乗ってたら承知せんぞ!!」

その声は、地獄の底から湧いて出たと思えるほどの大音量だった。

L字型になったマンションの建物にぶち当たって広がったその声は、人を殺すほどに深い憎しみを持って吐かれたかのように響いた。周囲の人たち*もなにごとかと振り返る。

住民さんは真っ赤な顔で私をにらみつけ、私はどうしていいかわからず、オロオロしながらその場に立ち尽くした。このときほど、自分がみじめに思えたことはなかった。

周囲の人たち
植栽のある花壇は立駐機のある車路と並行してあるので、クルマを出そうとしている住民さんや清掃員さんもいる。この事件のあと、心配した清掃員さんが「いったいなにがあったんですか」と真剣な顔で訊ねてきたくらいだった。

しばしの沈黙が続いたあと、ふたりの様子を見とがめ、家内が走り寄ってきた。

「いったいなにがあったんです」

息を切らしながら、家内が住民さんに問うた。

「ホース、急に引っ張られて危うくコケそうになったんや。わしやったからエエようなもんの、年寄りやったらケガしてるで！」

「申し訳ありません。足腰立たんようにしばき倒しときますわ*」

家内の、身体を90度に折っての意外な詫びの入れ方に、住民さんも意表を突かれたのだろう。「ああ、そうしてくれ」とだけ言い置いて、拍子抜けしたようにその場を去っていったのだった。

生まれは九州、せっかちで男勝りの家内に言わせると、なにごとにもスローモーな私は、見ているだけでつい苛立ちの言葉を吐きたくなるという。たぶんそんなところが住民さんの逆鱗に触れたのかもしれない。

懇意にさせてもらっている得意先から届いた便りの末筆に「守護神さまにもよろしく」と書かれてあったことがある。傍から見ると、家内は覚束ない私の守護神に見えるものらしい。

しばき倒しときますわ 家内はふだん訛りのない「標準語」でしゃべる人間で、私を呼ぶときも穏やかな言葉づかいをしているのだが、時折こうした関西弁を駆使して相手の度肝を抜く発言をすることがある。夫婦ゲンカの際、この手の関西弁でやられると京ことば育ちの私は到底、太刀打ちできない。

この守護神がいなければ、私はとうの昔に管理員をクビになっていたことだろう。

某月某日　管理員泣かせのアルコーブ：水道検針の悲劇

アルコーブをご存じだろうか。アルコーブとは「くぼみ」を意味し、玄関ドアの部分を奥まった構造にすることで、夏の暑い日など、ドアを開け放って網戸にしておくときなどにとても重宝する。

アルコーブのない共用廊下直結のマンションだと、ドアを開けておくにはかなりの勇気が要る。というのも、たいていのマンションのドアは90度くらいしか開かない。それだと、共用廊下の半分ほどをドアが塞ぐことになり、通行人や荷物の搬入・搬出の妨げになるのである。

１８０度全開にできるドアなら、問題はない。ただし、その場合、水道やガス、電気などのメーターが入っているボックスのドアを覆い隠してしまうことになり、検針の妨げになる。

いずれにしても、ドアを開けたままにしておくということは、誰かに迷惑をかけることになるのだが、アルコーブのある住戸なら、その心配はない。

ところが、その便利なはずのアルコーブにクレームをつけてきた住民がいた。

「アルコーブは共用部分だから、そこに私物を置くのはいかがなものか」と言うのだった。

たしかにアルコーブは共用部分ではあるが、自宅玄関前だけのくぼみスペースだから、ほぼ専用使用のスペースといっていい。モノを置いている人も、おそらくそういう感覚でいるのだろう。

アルコーブに置かれる私物といえば、鉢植え植物が一般的*である。なかには1メートルを超える背丈のものもある。その種のものは、頭でっかちな上、強風で倒れるのを防ぐためか、ポリ製ではなく、陶製の鉢を重石代わりにしている場合が多い。

じつをいうと、私は腰痛持ちの上に五十肩（家内に言わせると、すでに六十肩であるらしい）で、左腕をまともに上へ上げられないし、後ろへも回せない。

鉢植え植物が一般的
これらがアルコーブに置かれている分には許容範囲だろう。だが、いくらなんでもという事例があった。廊下に面したマンションの住戸の窓は面格子といって、アルミの柵で囲われ、そこから中に人が入れないようになっている。ある住民は、面格子そのものを全面的に木製のラティス（ガーデニングなどで使うフェンス）で覆い、そのラティスのところどころに鉢植えを取り付けていた。専用庭やベランダの中なら問題ないが、廊下側だと通行人の目ざわりとなる。さらにその鉢植えに水をやるので、廊下はその鉢植えから出る泥と砂の混じった幾筋もの汚水流となって、反対側の側溝まで流れていく。まさに管理員泣かせであった。

そんな私にとって、憂うつなのが水道検針*である。

皆さんは水道メーターがどこにあるかご存じだろうか。「メーターボックス」という、共用廊下の壁に開けられた、人ひとりが入れるくらいの鉄板扉の付いた四角い箱の中にある。

そこには水道管や給水管、排水管、電気配線などが詰まっているので別名「パイプスペース」ともいわれ、水道メーターや電気メーター、ガスメーターなども内蔵している。

この水道検針もわれわれマンション管理員の業務のひとつである。ただメーターを見るだけの簡単な作業と思われがちだが、なかなかどうして腰痛持ちの老体にとってはたいへんな仕事なのである。

メーターボックス前に置いてあるものはいったん移動しなければならない。陶製の鉢など、おっかなびっくりの中腰で移動するのだが、重くて、うっかり割りでもしたらたいへん、と緊張が走る。

続いてメーターボックスを開けるのだが、水道メーターはたいてい一番下に取り付けられており、しゃがみこまなければ見られない。

水道検針
戸建てや賃貸マンションに住んでいる方たちには、水道検針は水道局の検針員、もしくはその下請けである検針業者が行なうというイメージがあるかもしれない。最近では直接、水道局かその下請け業者が検針しているところも多くなってきているものの、築30年前後の分譲マンションでは、管理員が水道検針をしている。というのも、「簡易水道事業」といって、給水人口が101人以上5000人以下の分譲マンションの場合、その事業者である管理組合が水道局と同じことをしなければならないのである。こうすることによって、水道局は検針員を派遣する手間暇と賃金を節減できるし、管理組合は親メーターと子メーターとの差額を利用して共用部分や管理員室の水道代も賄うことが

メーターボックスの取っ手は、立って開けなければならないから、立ったり座ったりすることになる。立って歩いたかと思えば、メーターボックスの前に行き、ドアを開け、また座るを繰り返す。

蓋を開けたとしても、ガラスがほこりなどで汚れていれば、数字が見えないので、ガラスの表面を拭き、中身を見やすくして数字を読み上げる。１００戸の住戸があれば、１００回それを繰り返すことになる。

水道検針は、夫唱婦随《ふしょうふずい》（もちろん、相手は奥さんでなくとも構わない）で行なうのが基本だ。私が読み上げ、家内に記入してもらう。そのほうが間違い率は低くなるし、一人で行なっていれば、いつ終わるかばかりが気にかかり、作業が捗らない。

あるときの検針で、住戸のメーターボックスを開けた途端、なかから荷物を運ぶ台車が滑り出てきて、足の上に落ちた。

驚いた拍子に出した私たちの声が大きかったのだろう。その住戸の奥さんが顔を出し、

「なんですか、大きな音立てて。お宅ら、そこでなにしたはるんですか？」


できるのである。ただし、住民さんに請求する水道料金システムそのものは、その自治体のものとまったく同じ体系となっている。

「あ、すみません。今日は水道検針の日でして。メーターボックス開けさしてもろたら、途端に台車が転げ落ちてきまして……」

謝罪の言葉がもらえると思いきや……。

「そんなことどうでもよろしけど、もうちょっと静かにやってくださいよ。なにごとが起こったんかと心配しますやんか」

作業を終え、管理員室に帰り着いてから、あることに気がついた。

その奥さんこそ、共用部分のアルコーブに私物を置くのは美観を損ねる*ので早急に撤去するよう組合から注意してほしい、とクレームを言いにきたご本人だったのである。

ちなみに、この奥さんのメーターボックスには、くだんの台車のほか、空気の抜けたサッカーボールやテニスボール、その他種々雑多なモノが、入り組んだパイプのあいだにびっしりと詰め込まれていたのだった。

メーターボックスは、各種機器の点検のために設けられた、れっきとした共用部分。いくら他人には見えないからといって、私物の保管スペースとして私的に専有使用してはならないのである。

美観を損ねる
多くの駐車場使用細則では、駐車場にはクルマ以外のものを置いてはならないとされている。にもかかわらず、駐車スペースに鉢植えを置いたり、散水用のホース、レンガやブロックを置いたりしている契約者もいる。これもまた美観を損ねる。あるとき、集合ポストの前に各種案内のチラシを入れておくラックを設置した。それが邪魔だとして、集合ポストに来るたび、蹴り倒していく住民がいた。こんないがみあいも美観を損ねるもののひとつかもしれない。

人の目に触れるところは気になっても、人の目に触れないメーターボックスの中はどうあろうと気にならない。まさに「目クソ、鼻クソを笑う」のクチで、ズルイ人はどこの世界にも存在するのだと悲しくなった一日だった。

某月某日 ゴミを守る：古紙回収業者の言い分

行政によって料金体系は異なるものの、大型ゴミの回収を有償にしている自治体は多い。1つにつき、数百円の手数料を取っているのがふつうだ。

捨てる側にしてみれば、タダで持っていってくれさえすれば御の字とも思うが、「ゴミを無断で持っていく人がいる」と文句を言ってくる住民さんがいる。

「管理員さん、大型ゴミの扉*はしっかり閉じといてくださいね。ご存じないかもしれないから言っときますけど、開けっ放しにしておくと、ホームレスの連中が入ってきて無断で持っていくんです」

「いいじゃないですか。どうせお捨てになるものなんですし」

大型ゴミの扉
マンションによって、ゴミ置き場の形態はさまざま。大型ゴミだと、単なる空地か、金網で囲われた一角が置くスペースとされている場合が多い。

「でも、黙って持っていくというのは泥棒じゃありませんか。いくら捨てられる運命にあるものとはいえ、それを持っていくのは犯罪でしょ」

事業に失敗し、ホームレス寸前までいった私は、彼らのことを他人事とは思えない。この住民さんはホームレスを無能力者か、働くことを放棄した怠け者のように思っているのだろう。

「そりゃまぁ、厳密にいえばそうなのかもしれませんが、あの人たちだって生活があるんですよ。少しは大目に見てあげてもいいんじゃないでしょうか」

「私は盗むということが問題だと言ってるんです。だって、私たちはお金を払ってるんですよ。タダで持っていかれちゃ、割に合いませんよ」

なにが割に合わないのか問おうと思ったが、追及するのをやめた。これ以上、話を続けると、住民の感情がホームレスにではなく、こちらに向けられるのが目に見えたからだ。

私たち管理員は、住民と対等に話せる立場にはない。* そこには〝暗黙のヒエラルキー〟ともいうべき位階があって、まずはクライアントである管理組合が頂点。ナンバー2は、その構成員である住民さん。続いて管理会社のフロントマン（こ

ここに登場する大型ゴミの置き場は、出入口にカギがかかるようになっていた。ゴミ収集日が来ると、その日の朝に解錠して、収集業者が取り出しやすいようにしておくのである。

住民と対等に話せる立場にはない
住民は、われわれ管理員の間接的な雇用主であり、われわれに対して手数料を支払ってくれているお得意さまでもある。心理的にどうしても下位に立たざるをえない。

れについては後述）。そして最後に管理員なのだ。住民と仲良くし、ルールを守っていただく立場でありこそすれ、そっぽを向かせては管理員とは思ってもらえないのである。

このあたりの処遇については、このあと随所に出てくるので、管理員がいかに劣位に置かれているかをご理解いただけるだろう。

またある日のこと。大型ゴミならぬ大量古紙を〝盗んで〟いかれそうになったことがあった。あろうことか、いつもとは違う古紙回収業者が、前日に出された古新聞紙*を根こそぎトラックの荷台に積み込みつつあったのだ。それを見た住民が管理員室に知らせにきてくれた。

古紙の収集は、どこの地域でも自治会や子ども会が受け持つことになっている。それぞれの会は、古紙やダンボール、アルミ缶などを特定の業者に回収させることでいくばくかのお金をもらい、運営資金の一部にしているのである。

したがって、前述の大型ゴミの例とは違い、今度のは本当に犯罪なのだ。

「ここで、なにをしているんですか」

前日に出された古新聞紙
このマンションの場合、大型ゴミのそれとは別に、ゴミコンテナが6つほど並べて入れられるシャッター付きの保管庫があり、雨露をしのげるようになっていた。アルミ缶やビンなども、ゴミコンテナに入れておく。古紙については、回収日が月に1回と決まっており、その前日に住民が出しておくのである。

50代の痩せぎすで小柄な男性が顔をあげた。

「あ、管理員さんですか。はじめまして。私、この近辺の不用品を回収させてもらってる者です」

「不用品の回収って、あなた、なにか勘違いしてるんじゃないですか。ここに置いてある新聞は、この町内の子ども会が住民の方々にお願いして、わざわざこの日に出してもらっているものなんですよ」

「ですから、不用品なんでしょ」

「不用品は不用品でも、これは売ればお金になるんです。お宅だって、これをお金にしようと思うから、持っていこうとしているんでしょ。最近は、このマンションも小さなお子さんたちが少なくなったから*、少しでも運営費の足しにしようとしているんです。それを黙ってクルマに積んだら、犯罪ですよ」

私に法律の知識があるわけではなく、受け売りであった。

「言ってみれば、万引きみたいなもんです。刑法では、窃盗罪というのに相当するのかもしれませんけどね」

これももちろんハッタリである。

小さなお子さんたちが少なくなった
少子高齢化が進む時代、どこのマンションにおいても同じことではある。特に築30年も経ったマンションともなると、仮に30代後半で購入したとしても、その10年後には「小さな子どもたち」は中学生か高校生になっており、いわゆる「子ども会」の会員ではなくなっている。その会費の集金額も少なくなり、会としての先行きが危ぶまれることになる。

「そうなんですか」

「そうですよ、すぐに降ろしてください。ちょうど住民さんが通りかかったから いいようなものの、今度こんなことをしたら、即警察に通報しますからね」

これらの古新聞は子ども会のものだということもあり、私も強めの口調で警告した。

「当方の場合、不用品は無料で回収させてもらうことになっているんで……」

「不用品かどうかはこちらが決めることですよ。ゴミ置き場にあるからといって、ゴミとは限らない場合もあるんですよ」

「わかりました。すみませんでした」

私の説得工作が功を奏してか、古紙回収業者も穏当に引き下がってくれた。こんなとき、相手が粗暴そうな男だったりすると、注意するのもためらわれるし、場合によっては逆ギレなんてこともある。今回の業者は早々に撤退してくれたので助かった。

子ども会の資産を守るのも管理員の大切な仕事のひとつというわけなのだ。

某月某日　クルマが消える駐車場：痛すぎる勘違い

「501号室の山口」と名乗る、小太りで目鼻立ちのはっきりした奥さんが息を切らして管理員室にやってきた。

「管理員さん、ちょっと来てくださいな。ガレージに入れといたクルマがなくなってるんです。盗まれたんじゃないでしょうか」

「え、それはたいへん。どのガレージですか」

「そこの3段式ガレージ」

「3段式……。というと機械式立体駐車場*に入れておいたクルマが、いつのまにか消えてなくなっていたというわけですか？」

山口さんが言うには、立体駐車場の10番に入れておいたはずのクルマが消えてなくなっていて、今ご主人が探しているのだという。

そんなアホな。平面駐車場に置いてあるクルマならまだ話はわかるが、立体駐

機械式立体駐車場
「泉州レジデンス」の機械式立体駐車場には、2段式と3段式の2種類の立体駐車場（これを業界では略して「立駐機」という）がある。2段式のほうは地下と地上の2段に分かれていて、動きも地下のパレット（クルマを載せている台）が上に上がってくるだけの単純な構造をしている。一方、3段式のほうは各段がベルトコンベアのように横にも移動し、地下にあるクルマが上がってこられるようにスペースを空ける構造になっている。

車場からどうやったらクルマが盗みだせるというのだろう。

内心、疑念を抱きつつ、山口さんのあとをついていくと、そこに年輩の男性がいた。

「ね、言ったとおり、10番にクルマないでしょ」

奥さんのほうがなぜか勝ち誇った顔で言う。

「ほんとですね。で、ご主人、ほかのところは見てみはったんですか」

「いや、まだや」

今それやってみるわと、駐車場のキーボックスを開けるご主人。

「ひょっとして下の段に入ってるんじゃない、お父さん」

ご主人が大きな身体を折り曲げ、息苦しそうに地下をのぞき込んで言う。

「そやな。別のとこ、見てみよか。この下は何番やろ」

地上レベルの中段パレットが地下のクルマのスペースを空けるべく横にスライドし、その地下から別のパレットが上がってくる。そしてシルバーメタリックの車体が姿を見せ始めると――。

「あ、あったあった！　これや。すんませんね、管理員さん」

「よかったですね。見つかって」

中段パレットがさらに横に動き、地下にある下の段からクルマの背中の一部が見えてきた。これで一安心。

と思った次の瞬間、異様な光景に、全員の目が点になった。

クルマの屋根には大きな2本の傷がしっかりと刻まれていたのだ。サビ止めの赤い部分までがざっくりと露出している。

横行パレットの一番下、つまり下段にある地下の車高スペースは1550ミリまで。*それ以上の高さのクルマは入れてはいけないことになっている。おそらくご主人の手違いで、自分のではない一番下のパレットに入れてしまったため、パレットの底のどこかが付けた傷跡であろう。

あとで知ったことだが、この手の勘違いは中段パレットの契約者がもっとも起こしやすいそうだ。というのも、中段の契約者の場合は、自分のクルマが下りてきたり、上がってきたりするとは思っていないから、地続きになっているパレットに入れたつもりで、地下から上がってきたパレットにクルマを入れてしまうのだ。

車高スペースは1550ミリまで
車高制限は1550ミリとなっているが、実際はもうちょっと余裕をもたせてあり、それより10センチ以上は高かったのではないだろうか。クルマの天辺は見事に凹み、パレットが削り取った傷はじつに痛々しいものであった。こういう場合、クルマの修理費は当然としても、パレットが動かなくなったことに対するメンテナンス業者への出張費や修理代も自己負担となる。それが本当に自分の契約している番号のパレットなのかどうか、慎重にチェックしてから入庫するクセを身に付けたいものである。

だが、入庫し、駐車場を離れただけでは事故は起こらない。誰か別の人の操作がなければ、パレットはずっとその場に留まっており、本人もなにごともなく、そのクルマに乗って出かけることも可能だったのである。とはいえ、もともとは自分のミス。操作した人を恨むわけにもいくまい。

そういえば先日も「うちのガレージに誰のかわからないクルマが停まってる。管理員さん、どうにかしてくれ」と管理員室のピンポン*を鳴らしてきた住民がいた。

時は夜の9時半。管理員室の窓口はすでに定時に閉めてある。もちろん勤務時間外だ。

ところが、敵もさるもの、開口一番で「おやすみのところ、すみませんね」と断ってくる。時間外だとはわかっているのだろう。

勤務時間外のこうした対応に手当てが出ることはない。ほぼ100%、サービス労働となってしまうのだ。

しかし、住民さんがそう言ってくれれば、無下に断るわけにもいかない。

ピンポンを鳴らして
管理員室は業務終了後、消灯して誰もいない。居室にはインターフォンが備え付けられており、そこにわれわれ管理員がいることを知っていて鳴らすのである。時間外であろうと、風呂に入って頭を洗っていようと、あるいは就寝していようと、そういう人にとっての管理員というのは、いざというときのために「住み込んでいる用務員」なのである。

現場に急行してクルマのナンバーを控えはしたものの、管理員室に備え付けられた、大きな一覧表には肝心のナンバーが存在しない。駐車場の枠番号と借り主の名前と部屋番号が書かれてあるだけなのだ。

これでは〝犯人〟を特定し、電話をかけてクルマを出していただこうにも、出していただきようがない。

仕方なく、何冊にも分かれた分厚い駐車場契約書を引っ張り出し、1冊ずつ調べてみる。それらしいナンバーは見当たらない。焦りが募るのと、その日の疲れも押し寄せてきて、手元の文字を見る視力*さえ心もとなくなってくる。

そうこうするうち痺れを切らした住民さんは「もういいです。明日の朝まで来客用のガレージに停めておきますから」ということで、事なきを得はしたのだが、いつまたこんな事態が起こるかわからない。

であれば、次回のときのために、今できることをしておかねば……というわけで、私は百数十台分ある契約者の整理を始めることにした。

契約者の名前と号室、そして電話番号の一覧表を作り、袋に入った住戸の契約書から車検証の写しを取り出して、ナンバーを打ち込み、それをまた袋にしまっ

手元の文字を見る視力
ちなみに私は網膜剥離と白内障の手術をそれぞれ2回ずつ計4回受けており、両目とも眼内レンズを嵌めている。一度外れてしまった左目の眼内レンズを今度はきつめに止めてもらったのだが、そのせいで角膜が膨らんで歪み、その表面を削ってもらうこととなった。それでも乱視は治らず、網膜剥離手術後に残った右目の眼内オイルのために両目とも文字が見にくい状態にある。

て、別の契約書を取り出し……てなことを繰り返して、ようやく格好がついたのは、深夜1時すぎ。これでナンバーがわかれば、すぐに借り主に連絡をつけられる体制だけは整った。

この日は午後に植栽の剪定作業をしていたこともあり、身体はぶっ倒れる寸前。崩れ落ちるように布団に入り込み、朝までノンストップで眠りこけさせてもらったのだった。

某月某日　カラスとの闘い：市環境課グッズの威力

生ゴミ回収の曜日になると、決まって近くの電線やゴミステーション*の屋根にやってくるカラスがいる。その鳴き声が、いかにも要求するかのごとく「ご飯、ご飯」と鳴いているように聞こえるのだ。

いつだったか、某テレビ番組で、犬や猫がこうした鳴き方をするのを観たことがある。ある猫などはマグロをやると「マグロうまいわぁ」と喉を鳴らしながら、

ゴミステーション
ゴミの入ったコンテナは収集日の朝に倉庫前に出しておく。ゴミコンテナを出したあとの倉庫内はゴミの出した種々の汁跡（醤油やソース、生ゴミから出た得体の知れない

目を細めて、いかにも美味しそうに食べたのだ。

おそらくそのカラスも生ゴミをご飯と思っていて、それでその日が来ると、早くゴミステーションのシャッターを開けろと要求するのだろう。

われわれ管理員にとって、このカラスが悩みの種なのだ。

当マンションのゴミはゴミステーションの中に直接入れてあるのではなく、ゴミコンテナの中に放り込んである。住民が前日の夜から入れておくのだ。朝７時になると、われわれがそのコンテナをゴミ収集車が回収しやすいように、ステーションの前に並べておくのである。

ところが、市の清掃車*というものは、朝８時までに出してくれと注文をつけているわりに、実際に収集にくるのは10時半か11時ごろ。

そのあいだに、例のカラスがやってきて、ゴミ袋の上から中身を突つき出し、そこいらじゅうに汚物の類いを散らかしていく。しかもどうしたものか、生ゴミのみをほじくり出すのである。

ある日などは、屋上に通じる踊り場に、まる一匹分の魚の骨が落ちていたことがある。

液体、てんぷら油など）がついており、洗剤を使って床面をきれいに洗浄しておく。その後、市の収集車が回収したあとの空のコンテナを洗浄し、乾ききったことを確認して倉庫に戻すのである。

市の清掃車
このエピソードは、私が最初に赴任した京都のマンションのもの。現在勤務する「泉州レジデンス」は朝の６時半に収集車がやってくる。ただし、容器包装プラスティックなどの回収は９時にならないとやってこない。京都での場合、倉庫前に出しておくパターンだったので、これがまた困りもの。嵩が張る上に軽いので、風であちこちに飛ばされ、拾ってまわるのに往生した思い出がある。

それだけなら、まだかわいいほう。

以前、使用済みの生理用品などが女性の下穿きと一緒に捨てられていたことがあって、それがコンテナのまわりに散らかって、住民からクレームを頂戴したことがあった。

そんなものをカラスの目に触れるところに捨てる者も捨てる者だが、当のカラスにとっても迷惑千万な話。屋上に持っていって、あとでゆっくりご賞味というわけにはいかない代物なのだから。

そんなこんなで、半ばカラスに同情しながら、後始末をしていた私に助言してくれた住民さんがいる。市に頼んだら、コンテナの上に被せる網を貸してくれるというのだ。

それはいいアイデアと、市の環境課に電話して事情を話すと「ああ、カラスネット*ね」と素早い返事が返ってきた。

なるほど、「カラスネット」とはうまくネーミングしたものだと感心しつつ、借りることにした。

数日して届けられたネットは、縁に鉛の玉らしきものがびっしりと縫いつけら

カラスネット
この当時はまだあまり一般的ではなかったが、最近ではホームセンターなどでも大小さまざまなサイズのものが販売されており、誰でも入手できる。

れていて、思ったよりずいぶん重い。たしかに容易に持ち上げることができたり、風でめくれ上がったりするようでは、カラス除けにはならない。

ところが、実際に使ってみると、これまたたいへん使い勝手が悪いのだ。

カラスネット1枚を2台のコンテナの上に均等に被せるのだが、手前に引っ張れば、ネットの端が鉛*の重さでコンテナの中に滑り落ち、かといって反対側には壁があるので、そちらにまわって引っ張りあげるわけにもいかず、もう一度持ち上げて放り投げるようにして反対側に被せることが必要になってくる。

そのときの私の様子を見ていた人はきっと噴き出したに違いない。放り投げてはコンテナに落ち、放り投げてはコンテナに落ち……その姿はまさに「権兵衛がタネまきゃ、カラスがほじくる」だったからである。

しかしながら、このカラスネットのおかげで、カラスの害には遭わなくなった。

さすが、市環境課御用達グッズ、と喜ぶべきところ、今度は人災を被るハメになってしまった。

大部分の住民さんには、近ごろカラスが来なくなり、ゴミステーションのまわりもキレイになりましたね――と喜ばれはしたものの、肝心の組合理事長には、

ゴミステーション向けに売られている商品の一般名は、カラス以外の鳥も含めるせいか、「防鳥ネット」というそうだ。

ネットの端が鉛 ちょうど打ち網のように、ネットの周囲にビー玉くらいの大きさの鉛球が付いており、それが重しとなって容易に開かないようになっている。

理事会の席上*で嫌味を言われてしまった。

「南野さん、あれはいったいなんのためにしたんですか？　私なんぞは両手にゴミを持っていくので、あれがあると入れにくくてしようがない。以前は片手でひょいひょいと投げ入れられたから、とても便利だったんですがねぇ」

あちらを立てればこちらが立たず。禍福《かふく》はあざなえる網、否、縄のごとし。マンションの宝物になりかけた、市環境課お墨付きグッズも面倒くさがりの御仁にだけは不評なのであった。

某月某日　クレーマー：札付き住民にはご用心

管理員室の脇机から「苦情処理記録簿」との名称で、住民さんの苦情を記したのであろう、古い手書きのノートが出てきた。

それを見ると、いつ、誰が、どんな苦情を言ってきたかが書かれてある。そしてクレームを言う人というのは、どこの誰と決まっていて、毎回、同じようなこ

理事会の席上
理事会は毎月の曜日を決めて、平日の夕方7時ごろから9時くらいの間に行なわれることが多い。会社勤めをしている人が多いので、土曜日や日曜日に開催するところもある。出席者は、定年退職したリタイア組男性か区分所有者代理の女性たちであり、女性が多数を占める場合は私語が多く、井戸端会議に近い雰囲気になったりする。なかには、間違ったリーダーぶりを発揮して、鼻つまみ者になっている男性理事もいる。

とで管理員室にやってきているのがわかる。

当マンション歴代管理員の記録、というより日報*のための下書きメモであろうそれによると、ほぼ毎日のごとくクレームを言いにきている住民がいた。

「契約車とは違うクルマが、○○番の駐車場にここ何日間も停まっている。あんなことを許しておいていいのか」

「自分の部屋の前の植栽に毛虫がたかっている。刺されると危険だから取り除いてほしい」

「セミの死骸が公園のあちこちに転がっている。見苦しいので、なんとかしてほしい」

「平面駐車場にある隣のクルマが真っ直ぐに駐車しないため、クルマのドアが開けにくく、駐車スペースへの乗り入れが難しいから、注意してほしい」

「専用庭に変なニオイが流れてきて、クサくて堪らない。どこの部屋が出しているのか、早急に調べて連絡してほしい」

「裏の工場の従業員がこちらをときどき見ている。なにか目隠しをするなりして見えないような工夫をしてほしい」などなど。これ、すべてひとりの住民さんの

日報
管理員が付けなければならない報告書の類いは結構多く、「週報」「月報」「3カ月報」「年報」などとなっている。届出書の類いも多く、「区分所有者変更届」「駐車場使用契約の解約届」「入居者名簿」「区分所有者となるに当たっての誓約書」など、多種多様である。

クレームなのである。

あるときなどは、2週間ほどぶっ続けでほぼ毎日、今述べた以上にくだらない苦情を日課のごとく言いにきている。書いている管理員さんも途中でアホらしくなったのだろう。その下書きノートは、十数ページほどが使われたきり。後半になるほど、文字が荒っぽくなって、読みにくくなったなと思っていると、そのあとに続くページがまったくの白紙なのであった。そこで、管理員さんの精も根も尽き果ててしまったのであろう。

記録簿が老婆心をもって伝える〝札付き住民〟は私が赴任した後も健在だった。ことあるごとに管理員室へ「オーダー」しにやってくるのである。

彼女は働いておらず、歳のころは30代半ば。酒樽に2本のボンレスハムをぶら下げたような体型をしている。マタニティドレスのような服に包んだ体躯を大きく左右に揺すり、公開空地*をよく犬を連れて散歩している。

母娘2人暮らしであり、その母親もまた然り。どちらが娘か親かわからないほどの体躯をしているのである。住民さんのあいだでも、ちょっとしたことで真っ赤な顔でヒステリー症状を起こす要注意人物ということになっていた。

公開空地
ある一定の高さのビルを建てる場合、それに応じた空地を設ければ、容積率や高さ制限を緩和するという「総合設計制度」によって定められたもの。

ある日のこと。エントランスを掃いている私に、犬を抱いてエレベーターに乗ろうとしていた彼女が言った。

「管理員さん。昨日の晩、12時ごろ、あそこのベンチで若い子がキスしてたで。あんなこと、許してもええのん」

「と申されましても、あそこは公開空地ではありませんので」

「しっかり見といてくれやな、困るやんか。見苦しいやん。若いもんがあんなとこでイチャイチャしてたら」

「しかし、そんな夜遅くですと、ご近所にはあまり迷惑はかけないかと」

「そうかもしれんけど、うちら休憩もでけへん」

「お宅もなにかしようとしてはったんですか」

「失礼な、そんな歳ちゃうわ」

ことの真相はよくわからないが、おそらく例のごとく犬を連れて提供公園*を散歩した折に目撃した出来事だったのだろう。今思えば、若い男女の睦みあいがかつての「おんなごころ」を刺激してしまったのかもしれない。

マンションのアプローチには、花壇を背景に設置されたベンチがあり、色が剥

誰でも通行したり休んだりできるので、オープンスペースともいわれるが、いわゆる「公園」ではない。

提供公園
マンションが一定面積以上に宅地開発したい場合、敷地の一部を自治体に提供すると、それが「提供公園」ということで自治体のものとなる。「提供公園」は自治体のものなのに対し、「公開空地」は私有地であり、区分所有者全員のものといえる。

げ落ちてボロボロになっていた。万事にぐうたらな私にしては珍しく気をまわし、理事のひとりにペンキ塗りを提案してみた。

「あかんあかん。そんなことしたら、ますますあそこで接吻する高校生*が多うなる。キレイになったら、もっと変なことやらかすワ」

理事いわく「なーんもせんでちょうどええんや」とのこと。

若者同士の睦みあいがお気に召さない方はあちこちにおられるようである。

某月某日　ドアパッキン：管理員冥利につきる話

ある日、住民の奥さんがやってきて、「ドアのパッキンが劣化してきて、風の強い日など、ドアが大きな音を立てて閉まる*ので困っているのです」と言う。

そういえば、管理員室にいても、ときおり扉が大きな音を立てて閉まるのが聞こえる。あれは、住民さんが力まかせに帰還したのではなく、風の力のせいだったのだ。

接吻する高校生
最近では、深夜どころか真っ昼間に藤棚の下で睦みあっている制服姿の高校生たちを見かけることがある。コロナ禍が叫ばれているこんな時代に大丈夫なのかしらんと他人事ながら、気をもんでいる老齢管理員なのであった。

ドアが大きな音を立てて閉まる
マンションのドアを「鉄扉」と呼ぶことがあるが、たいていは鉄板でもなんでもなく、ほんの数ミリのアルミ板でできていて

ともあれ、その奥さんが言うには、劣化しているのはわが家のドアパッキンだけではなく、どの住戸も程度の差こそあれ、劣化が進んでいるはずだ。だとすれば、有志を募れば、数が集まることが考えられる。そして、数がそこそこ集まれば、業者も手間が省け、ある程度は安くしてくれるに違いない。ついては、管理組合さんの呼びかけで希望者を募り、数を取りまとめるカタチにできないものか――それが奥さんの要望なのであった。

たしかにこうすれば、同じ工事日で何軒もの住戸を一気に訪問・工事することができるので、業者側にもメリットはある。

さっそく理事会に諮《はか》ると、理事長はあまり乗り気ではなかった。その手の工事を手がける業者は知らないし、呼びかけてもきっと数そのものが集まらないだろうというのであった。

口には出さなかったが、理事会がその手のことをすると、業者との癒着を疑われるという危惧もあったのだろう。

理事長いわく「公正中立であるべき理事長が率先して営利的なことをすると、業者となんかあるのかと思われますからねぇ」。

中身は空洞。そのドア全体を受け止めるための枠（三方枠という）に張り付けてある緩衝材（ゴム製のパッキン）がドアパッキンといわれるもの。これが劣化して弾力をなくすと、ドアが直接、三方枠に当たり、大きな音を出すことになる。

とはいうものの、私から見れば、やはり保身のため、逃げを打ったのだった。

だが、ほかの理事たちの反応は好意的だった。おそらく、自分たちのところもパッキンが傷んできているのを実感していたためだろう。

当マンションの管理組合の理事は女性が多く、どちらかといえば、議事内容の検討よりはおしゃべり会の様相を呈していた理事会だった。

いつもは議論だけが迷走し、決定打の出ないまま、理事長の「じゃ、しないことにしましょうか」のひと言で終わるのだが、このときばかりは〝採用する〟方向に衆議一決したのであった。

そして、「管理員さんのほうで業者とのやりとりや取りまとめをしてくれるのなら」という条件付きでGOサインが出た。

私は以前に鉄部塗装*をやってくれた会社の担当者に打診し、ドアまわりの仕事を専門にしている業者を紹介してもらった。事情を話すと即OKで、掲示板に貼り紙をし、希望者を募ることとなった。

割引率は10件単位でおよそ10%ずつ安くなる仕組みで、最大で単独注文のときより30%も割安になるのであった。

以前に鉄部塗装
マンションの外観が劣化しないように、ある一定期間を置いて「大規模修繕」という工事が行なわれる。この際、マンションの外壁塗装や、壁の空洞調査などによって資産価値が下がらないように

提案した以上、不成功に終わらせたくない。需要促進のため、私は掲示板に「現在の希望者数」を明示し、頻繁に更新することで、住民のアテンションを喚起、いや、競争心を煽ることにした。

そうして締切日には、めでたく全住戸数の5分の3ほどのオーダーを獲得することとなったのである。

これぞまさしく話を仲介した管理員冥利につきる数で、理事長には想像もつかない受注数であった。ご本人はきっとその3分の1も見込んでいなかったはずである。

そんなこんなで、フタを開ければ上々の首尾。業者もホクホク顔なら、この話を持ってきた住民さんも超ご満悦の様子。私も一仕事やり遂げた充実感を得られ、さらにひょんなことで日ごろの不便を解消できたほかの住民さんも大喜び……。日ごろアバウトな性格に胡坐《あぐら》をかいている私には珍しく完璧な「三方よし」いや「四方よし」が実践できたのであった。

ところで、このドアパッキン取り替え修理申込用紙回収箱には、当初ひとりで疑義を呈していた理事長の申込用紙もしっかりと投入されていたのであった。

する。鉄部塗装もその一環で、外部に面した階段などの造作が錆びないように塗り替え、少しでもマンションの寿命が延びるようにするのである。

某月某日 そしてマンション管理員になる：家内からの宣告

1980年代、京都の小さな広告代理店に勤めていた私は「クリエイティブディレクター（制作部長）」という肩書きで、主にセールスプロモーション（販促）のプランナーとコピーライターを兼ねた仕事*をしていた。ある意味、恵まれた環境にあり、当時ホームパーティーに招いた部下たちからは「南野さんはエンゲル係数ではなくて、リッチ係数が高いんですよ」とやっかみを入れられたくらいだった。つまりは、夫婦2人でそれなりに裕福だったわけである。

しかし、バブルが弾け出してからは、みるみる会社の業績が落ちていった。京都という土地柄、どちらかといえば室町や西陣という和装業界のクライアントが多かった会社は、江戸時代創業という超老舗がどんどんと疲弊していく中、その影響を受けないわけがなかった。クライアントは次々に姿を消していった。

プランナーとコピーライターを兼ねた仕事
プランナーというのは文字どおり、商品を売る方法やイベントを企画する人間をいい、各種の販促プランを案出する。新聞広告やDM、チラシ、パンフレットといった種々の販促媒体が提案され、それに必要な広告文案を作成するのがコピーライター。私の勤めていたような小さな広告代理店では、専属のコピーライ

これでは共倒れになる。私は思った。粗利が月100万円もあれば、諸経費を払ってでも食っていくことはできる。

書店に行って、会社立ち上げの本を数冊買い込み、それを読んで決意した。アントレプレナー（起業家）に憧れもあった私は、愚かにもこんな時代に独立を決意したのだ。

法務局に出向いて資本金500万円の小さな法人を立ち上げ*、自分の住まいの近くにテナントを借りて2カ月もしないころ、予想もしない事態が起こった。

未曽有の大災害、阪神淡路大震災の発生である。

このときの驚きは、例のバブル崩壊を目にしたときどころではなかった。テレビの流し続ける映像は、まるで空襲に遭った市街地のようだ。

幸い京都は、どうというほどたいした被害はなかったが、ご存じのように神戸やその周辺は目も当てられない惨状だった。

その被害は広告業界にまで及んだ。バブルの崩壊に加えて大地震の被害でダブルパンチを食らった日本経済は徐々に沈んでいく。

いわゆるデフレスパイラルが起こったのである。印刷業界はもとより出版業界、

ターだけでは食べていけず、どうしても営業を兼ねたプランナーを前面に出し、クライアントと折衝することとなる。

小さな法人を立ち上げ
今でこそ株式会社は1円でも立ち上げることができるが、当時は1000万円が最低単位だった。その点、有限会社であれば資本金は300万円で足り、取締役は1人でもよかった。司法書士にも頼まず、法務局へ行って約款等を自分で作成し、公証人役場に行って、文字どおり「ひとり親方」の会社を興したのだった。

かつて3K（企画・広報・広告）と持てはやされた職種やビジネスアイテムがムダな出費のように忌み嫌われ、出稿する企業はほとんどなくなった。それぞれの業界では料金が下がり、ウソのように仕事の値段が下がっていった。*

コピー料はもとよりプランニング料も下がっていき、無償でプレゼンも要求されるようになった。それを出さなければ仕事は出さないというわけである。

版下屋はつぶれ、写植屋もつぶれ、製版屋もつぶれ、色校正屋もつぶれ、印刷や出版、広告に関する業界は青息吐息。仕事量もその価格も、以前の3分の1ほどになっていた。

一方、出稿する企業は、ハウスデザイナーとでもいうべき広告広報担当の人材を採用し、それまで広告代理店などに頼んでいた仕事を自らの手でこなすようになっていた。

これではひとり親方の私に、そうそう仕事がまわってくるわけがない。

真綿で首を絞められるように、家からの持ち出しは徐々に増えていった。設立して13年目には、自宅家賃とほぼ同額だったテナントを引き払い、自宅を事務所とした。

仕事の値段が下がっていった
バブル全盛のころは、給料もどんどん上がり、制作料もどんどん上がっていった。原稿用紙1枚分くらいのコピーを書くだけで10万円にもなったのである。それもあってクライアントの中には「南野さんは空気を商売にしている」と軽口を叩く人もいた。つまり仕入れに一銭の金も使わず、丸儲けしていると言いたいのだ。

そうすることで、少なくとも二重家賃というバカな出費をしなくて済む。今から思えば、家賃だけでも現在の私の管理員としての収入の2倍以上支払っていたのだ。それに光熱費云々とくれば、家内でなかろうとも文句のひとつも言いたくなるはずだ。

だが、そうした努力も空しく受注量は減るばかり。新規の受注はおろか既存の定期物（社報・集客DMなど）も減っていった。少しでも生活費の足しにするため、夜は週に3回ほど塾でアルバイト*をすることにした。

もちろん、そんなもので足りるわけもない。家計はますます逼迫していった。

雪のしんしんと降る夜、塾のアルバイトから帰ってきた私に家内が言った。

「あなた、ちょっとついてきて」

「こんな夜中にどこへ行くんやな」

「まあ、いいから。ついてきて」

そう言って渡された袋を見れば、そこには毛布が入っており、別の紙袋には発泡スチロールに入れた肉じゃがらしき匂いを放つ食べ物やミカン、チョコレートなどの菓子類が入っている。

塾でアルバイト
大手の進学塾などというカッコイイものではなく、いわゆる個別指導の学習塾で中学生や高校生に受験英語を教えていた。時給換算なので、生徒が来なければその日は一銭にもならなかった。なかには何回も医大受験に失敗している生徒がいた。彼は名のある予備校にも通っているのに何年も受からない。親が開業医だったせいもあり、生徒自身はのんびりしたものだった。追い詰められていた私には彼ののんびりさがうらやましかった。

彼女のあとについてたどり着いたのは、自宅マンションから歩いて5分ほども離れていない児童公園だった。そこには70歳を超えているであろうホームレス*が住んでいることを私も知っていた。

公園は誰も踏み入れていないせいで、新雪のまま、水銀灯の光の下で燻された銀のように鈍い光を放っていた。足首まで雪に埋まりながらようやくたどり着いた目的地に立って、私は家内と顔を見合わせた。

老人はベンチの背と立てた段ボールを壁代わりにし、その狭い空間の中で凍てつく身を屈《かが》めているに違いなかった。彼女はしゃがみ込み、雪をかぶって小山のようになっている本来は青テントであろうそれに向かって叫んだ。

「おじさーん、起きてー」

何度か大声で呼びかけられるうち、自分を呼んでいるのがわかったのだろう。奥のほうからくぐもった声がして、老人がその細い手で青テントを押しのけ、黒ずんだ顔を出すと、つんと鼻をつく饐《す》えた臭いがあたりに広がった。

「温かい肉じゃがと毛布を持ってきたわよ」

「あああ、すみません」

70歳を超えているであろうホームレス
家内はいつもこの公園の横を通って買い物に行くので、その行き帰りに目にしたのであろう。天気のいい日などに公園の水道を使って身体を拭っているのを私も見たことがあるが、その身体は痩せていて、とても健康そうには見えなかった。

掠れがちな、上ずった声。あるいは耳が遠いのかもしれない。老人には、今日初めて口にした言葉のようだった。

家内は次から次へと中身を取り出すと、ホームレスに頰ずりをせんばかりにして言った。

「温かいうちに食べてね。これ、作りたてだから美味しいわよ。それと、この毛布も使ってね。おにぎりも、お菓子も、ミカンもあるからね」

降りつもった雪道に足をとられないようにして帰るわれわれが気配を感じて、ほぼ同時に振り返ると、いつのまにか雪の穴から出、何度も何度も深いお辞儀を繰り返している老人の姿が、一面の雪を背景に黒いシルエットになって見えた。

「よかったな。あんなに喜んでくれて」

能天気に感想を漏らす私に、家内は言った。

「明日はわが身よ」*

その日以来、私たちは凍てつく寒い深夜になると、四条通りの歩道の端っこでダンボールにくるまっているホームレスたちに肉じゃがやおにぎり、ペットボトルに入ったお茶、かす汁などを配ってまわるようになった。時には遠出して寺町

明日はわが身よ
当時の心境としては、自分も下手をすればあのホームレスのようになるかもしれないという予感はあった。そうならなかったのは、家内の勇断のおかげだったと、今では感謝している。

通りの裏にまで行ったことがあった。なかには「わし、7年ここにいるけど、こんなことしてもろたん、初めてや」と喜んでくれる人もいた。

一方、私の仕事は好転しないばかりか、完全にストップした。わが家から会社への持ち出しは2600万円以上に膨らみ、もうこれ以上は出せないと家内がブチ切れる始末。

会社は、文字どおりの開店休業状態。カタチばかりの容れ物になっていた。塾の仕事もなくなり、お歳暮時期の荷扱い要員を募集していた郵便局に早朝勤務した。

会社は完全に休眠会社となった。解散させるには金もかかるし、手間暇もかかる。いろいろと面倒だったから、放置することにしたのだ。

そんな私を見て家内が言った。

「2人で住み込みの管理員をしようか」

それが、今から13年前の春のことである。

第2章

嫌いな理事長、大嫌いなフロントマン

某月某日

直属の上司：管理のプロとしてのフロントマン

マンション管理員が気をつかわなければならないのは住民ばかりではない。「理事長」然り、「フロントマン」も然りである。

理事長、フロントマンとの関係で苦い体験をしたのが、マンション管理員として2つ目の勤務先である大阪の「グラン・サルーン江坂*」だ。

2008年に着任した「グラン・サルーン江坂」は駅から5分と離れておらず、マンションがあちこちにある住宅地に位置し、目の前にスーパー、数百メートル先にホームセンターという好立地の分譲マンション。住戸は200戸弱で、築27年ほど。赴任当時の相場価格が2000万円程度。そのあたりのマンションとしては中程度のグレードだった。

1章でも述べたとおり、分譲マンションを購入した者は管理組合の組合員にならなければならない。

グラン・サルーン江坂 上空から見ると、ロの字でビル全体が吹き抜けになっており、天気のいい日などは青空が望めた。公開空地も広く、ツツジ、サツキ、アベリアなどいろいろな樹木が植えられていた。1階正面にはテナントがあり、左側に整骨院、右側に美容院があった。私がこれまで着任したマンションの中では一番シャレていた。

組合員は代表者（理事）を選出し、理事会を開催*する。理事会の議長が理事長である。「グラン・サルーン江坂」は7年間にわたって交替がなく、蟹江理事長が独裁体制を築いていた。

そして、管理組合の活動をフォローするのが管理会社であり、その最前線にいるのが「フロントマン」である。

〝管理のプロ〟であるフロントマンは管理ノウハウを伝授しながら、理事会をサポートすることになる。われわれマンション管理員にとってはフロントマンこそが直属の上司*ということになる。

「グラン・サルーン江坂」のフロントマン・富田は、私たちがこの物件に着任が決まったときの面談で「いちばんたいへんなのは前線で活動している管理員ご夫婦ですから。私は、管理員さんや清掃員さんたちは自分の家族のような存在だと思っています。みんなで頑張りましょう。なにかあったら、遠慮しないで携帯に電話してくださいよ」と笑顔で言ってくれた。

富田は顔の造作もいかつい上に角刈りで、先の尖った大きな靴を履いていて、ひとつ間違えばその筋の人かと思われるほどであったが、その言葉からは人情味

理事会を開催
理事会はおおむね月1回の周期で開催されることが多いが、年何回しなければならないという決まりがあるわけではない。

直属の上司
一般的には、管理組合との契約窓口はフロントマンなので、私の直属の上司はフロントマンという格好になる。「グラン・サルーン江坂」ではそうだった。しかし、その物件での管理員のキャリアが長くなると、実質的には管理員のほうが当該物件の内情をよく知っているので、理事たちからは重きを置かれる。理事たちにしてみれば、数年ごとに入れ替わる若きフロントマンよりは、熟練の管理員のほうに信頼が置けるからである。

が感じられた。

それまでの京都から土地鑑のない大阪*に赴任した私たちは、その言葉に温かみを覚え、家内とともに、さすが上に立つ人は言うことが違うな、とうるっと来たものである。

だが、それもほんの束の間の幸せ気分だった。

話は一転、ここから私たち夫婦と、このフロントマン・富田、そして管理組合を牛耳る蟹江理事長のからんだ三つ巴の闘いがスタートすることとなる。

本章では、舞台を大阪「グラン・サルーン江坂」に移し、マンション管理員の置かれた立場の難しさを知っていただくことにしたい。

某月某日 私物化：理事長との確執の始まり

私たちが「グラン・サルーン江坂」への着任が決まったとき、管理員室には1

＊京都から土地鑑のない大阪

管理会社はそれがフロントマンであれ、管理員であれ、その必要が生じたときは有無を言わさず、転勤させる。管理員の場合は、管理組合から重宝されれば、いつまでもいることができる。ただし、定年までの話。それからは1年更新で管理組合の要望次第。私が現在勤務する「泉州レジデンス」には11年いさせてもらっているが、それなりに気に入られているということなのだろう。

台の新品エアコンが取り付けられていた。

管理員室にはこのエアコンしか取り付けられておらず、２台目は個人負担になるということだった。

私たちは自宅から私物のエアコンを２台持ちこむことにしたのだが、それをフロントマン・富田から伝え聞いた蟹江理事長は「そんな上等品を持ってくるのなら、こっちのは要らんじゃろ」と言い出した。

そしてどうするのかといえば、自宅の古いエアコンを処分して、組合の備品費で購入した管理員室の新品エアコンを自室に取り付けるというのであった。

しかし、組合の備品費*で購入したものを自宅に取り付けるというのであれば、窃盗もしくは横領ということになるのではないか。

そう思って確認したところ、面倒くさそうに富田が唇の片方を吊り上げて言う。初対面でのあの感じのよさはすっかり消えていた。

「ええやないですか。あの人は理事長なんですよ。理事長といえば、管理組合の長です。その長が組合の備品をどう処分しようと、われわれには関係のないことです。あの人にはその権限があるんです」

組合の備品費
組合名義のものは机から椅子、文房具、消しゴム一つに及ぶまですべて組合の備品であり、消耗品以外はすべて台帳に記入され、ナンバリングが打たれている。もちろん、エアコンも同じく組合の備品だが、理事長は、すでに取り付けられていた「新品エアコン」を廃棄処分扱いとし、それを自宅に取り付けた。だから、「グラン・サルーン江坂」の「組合備品台帳」では廃棄処分したことにされている。

そんなふうに言われれば、理不尽とは思いながら、従わざるをえない。

フロントマンに必要な国家資格*があることは知っていたが、このころはまだその運用の仕方やフロントマンの立ち場を知らない時代だった。「それは素人考えでプロの判断はこうだ」と断定的に言われれば、引き下がるほかなかったのである。

そして、これが機縁となり、私たち夫婦はフロントマン、理事長の双方から目を付けられるようになってしまったようだった。

その数日後、ややこしい住民からのクレーム対応に迷って、富田の携帯電話にかけたときのこと。

私が事の一部始終を言い終えないうちに、富田は憤然とした口調でこう言い放った。

「ちょっと南野さん、ひとが公休を取っているときにそんな小さなことで電話せんとってくださいよ」

初対面時の謙虚さとは打って変わって、富田は苛立たし気に続ける。

フロントマンに必要な国家資格
管理会社がマンションの管理組合と管理業務委託契約を結ぶとき、重要事項説明というものを行なわなければならない。このとき国家資格である「管理業務主任者」という資格がなければ行なってはならないという法律がある。いわば管理業務におけるプロであると国が認めた資格なのである。

「私は15も物件を担当*しているんですよ。ただでさえ疲れて、家で休養している最中なんです。いちいちそんなことで電話されたら、身体もちませんよ。これからは自分の判断で臨機応変に対応してください」

「電話するな」もなにも、なにかあったら遠慮せず携帯に電話してと言ったのは、当の本人だったはずだ。

そもそも、われわれ管理員には、フロントマンがいつ休みを取っているかを知らされていない。公休中であろうが、家族旅行中であろうが、神ならぬ身の私にとって、なんでもお見通しというわけにはいかないのである。

某月某日　蜜月：フロントマンと理事長の工作活動

フロントマンは理事長に取り入り、理事長はいいようにフロントマンを利用する。「グラン・サルーン江坂」ではそのような構図がすっかりできあがっていた。

蟹江理事長はその時点で理事長になって7年*が経過していた。理事会の理事た

15も物件を担当
一般的にはフロントマンひとりにつき、7物件ほどが管理の行き届く範囲とされる。15も持たされるとなると、フロントマンの荷重は相当なものになろう。

理事長になって7年
1年任期であるものの、規約には「留任を妨げない」とあるので、必ずしもそのこと自体が悪いというわけではない。

ちは蟹江理事長の息のかかった人たちで占められ、堅牢な〝独裁体制〟が築かれていたのである。

理事会では、頭数だけ揃えられた理事たちはなんでも右へならえ。なにが議案であっても、理事長の発する一言一句に誰一人として反論などしない。そこには、あきらめではなく、理事長に全幅の信頼を置いてしまった理事たちの怠惰な姿勢がありありとしているのだった。

そして、フロントマン・富田もまた完全に蟹江理事長のイエスマンと化していた。

たとえば、蟹江理事長が昼前に、頼みごとがあるという名目で富田を呼び出す。理事長は私に2人分の寿司を買いにいくように指示する。組合経費でおごってもらった寿司を食べて、富田は「ああ、これで昼飯代が助かった」と大喜びしていた。

また本来なら、近くの有料駐車場に停めるべきところ、理事長が「マンションの来客駐車場に停めればええ」と言えば、これまた大喜びでしたがう。

もちろん、言うまでもなく、これらは組合経費の濫用であり、ルールの捻じ曲げである。しかし、２人ともそんなことを気にするそぶりもない。

そんな構図が、２人のあいだにしっかり根付いていたのである。

ほかにも、蟹江理事長は、個人で購入した物品を組合経費に混ぜて、まとめて領収書を切らせるなど、手を変え品を変え、管理組合費を私的に流用していた。

それを知りつつ、見て見ぬふりをするばかりか、自分も率先してそのおこぼれに授かろうとする富田は、蟹江理事長にとって、信頼の置ける〝共犯者〟だったのである。

ことの次第が外部に漏れさえしなければ、この蜜月は永遠に続くことになる。

そんなところに着任した新人管理員が、組合の備品費の使い道について物申してきたのだから、彼らにとっては「警戒すべき存在」に映ったのだろう。心の奥底では、このまま放置すれば、この者たちはきっとアリの一穴になると思ったに違いない。

さあ、それからの日々は毎日、蟹江理事長が昼の３時くらいから管理員室にやってきては*、前の管理員がどうした、その前の前の管理員はこうだったと過去10年以上にわたっての管理員失格ストーリーを延々と聞かせるようになった。

昼の３時くらいから管理員室にやってきて
元は大手の紡織メーカーに勤めていて、そこそこの地位に就いていたとい

それも20分や30分ではないのだ。ひどいときは業務終了時まで続くときがある。われわれも「お帰りください」とやるわけにはいかない。理事長が満足するまでたっぷりと話を聞かされることになる。

そして、壁の時計を見ては「ああ、今日も言い足りんかった。奥さんの淹れたコーヒー美味しかった」などと言って帰っていくのである。

これで仕事がはかどるわけがない。

いきおいマンション管理業務は、私の定時前就労と夕方のサービス残業で補わざるをえなくなっていくのであった。

うのが自慢の人で、定年間近になって自分の望む地位に就けなかったのが退職した理由だという。趣味はなく、あるとすれば管理員イビリか早朝の散歩帰りに公開空地の樹木の様子を観察することくらい。息子と娘がおり、息子が弁護士だというのも自慢のひとつ。奥さんは無口で声を出したのを聞いたこともない。

某月某日 時間外勤務：抜いてはならない伝家の宝刀

管理会社のマンション管理員募集広告には「主管理員の勤務時間は9時～5時」と記されていた。ふつうに解釈すれば、昼の休憩1時間を除けば、実質労働7時間と考えられる。

ところが、「グラン・サルーン江坂」の主管理員たる私の勤務実態はといえば、朝7時に館内の巡回を開始し、公園の掃除・広場の粗ゴミを拾い回り、駐輪場の乱れた自転車を整理し、徒長枝《とちょうし》があればそれを摘み、定期的に元浄水槽だった地下の水のたまり具合のチェックなどなどであり、実質9時までの2時間はサービス残業ならぬ早朝サービスをしていることになるのである。

そして夕方5時以降となると、管球切れチェックをかねた巡回や、朝と同様の、乱れた自転車置き場の整理、ゴミ拾いなどをこなさなければならない。時間外に働かないとすべての業務*をこなせないようにできているのだ。

この「グラン・サルーン江坂」、じつをいうと仲間内ではつとに悪名の高いマンションだったのである。

その証拠に、歴代管理員たちの残した日報には、私が現在、行なっているようにしないと理事長のご機嫌がすこぶる悪い、とある。要は無理やりに時間外労働が押し付けられる環境になっているのだ。

「管理員はマンションの番兵や清掃人、草刈り人などではない」を掲げる管理組合があるとネットで知った。私個人は、時間内ならそれでも構わないと思ってい

すべての業務
「グラン・サルーン江坂」は、管理員に宅配窓口を請け負わせて、その手配料を管理組合の雑収入にしていた。管理員室が宅配便の受付窓口となっているのだから当然、住民さんは昼夜を問わず、荷物を出したいときに管理員室に持ってくる。その荷物の大きさをメジャーで測り、そのサイズと届け先とを確認して料金を徴収する。そして宅配業者に連絡し、業者が集荷に来たときに手数料を除いた金額を支払う。手数料はほんの数十円程度。もちろんその手数料が管理員の収入になるわけではない。こうした業務も管理員泣かせのタネであった。

るが、所定時間外のそれはやはり願い下げだ。
つい先年、17時以降は待機時間*だから、その分の給料*を管理員に支払えとする判決が出た。つまり、所定時間外であってもまさかのときに備えて、服装もふだんどおりにして待機していなければならない管理員のつらい立場を斟酌《しんしゃく》しての判決*である。

夕方以降の時間外労働が問題視されているようだが、早朝の公園清掃や自転車置き場整理、巡回サービスも同じだ。もちろん、植栽への水やりも同じで、夏場なら毎日、早朝に行なうものと相場が決まっている。

蟹江理事長が管理員室で言い募る愚痴のひとつに、前管理員の水まきに関することがあった。

「あのバカ（理事長は前任者をこう呼んでいた）は暑い盛りの真っ昼間午後3時半から水をまきおる。なんでそんな時間にやるんやて聞いたら、それくらいからやらんと勤務時間内に終わらん、とこうや。そんなもん、水が〝沸騰〟して植物をあかんようにしてしまうに決まっとるやないか」

しかし、私に言わせれば、植物が満足するようたっぷりと水をやるには、ゆう

待機時間
労基法における労働はしていないので「不活動時間」ともいう。事務所を消灯し、窓口は閉めていても、なにかあればすぐ対処できるよう在宅していなければならない時間を指す。これだと仕事こそしていないが、どこへも出かけられないので、その拘束時間を考慮した最高裁の好判決だった。

その分の給料
個人的にはそんなお金をもらうより、しっかり休ませてもらうほうがありがたいし、健康にもいい。身体が丈夫であってこそ、次の日も元気で働けるし、住民さんにも朝の元気を分けてあげられるのだ。

判決
管理員が所定労働時間外に、宅配物の受け渡し等の要望に対応するため、事実上待機せざるをえな

に3時間は必要となる。定時の17時に終わらせるためには午後2時にはスタートしなければならない。

だが、真っ昼間からの水まきは、蟹江理事長も言うように時間の設定そのものが間違っている。やはり夏場の水やりは、早朝の7時くらいか夕刻の7時くらいに行なわなければならない。そうすると、朝の水やりは午前10時ごろに終わり、夕刻の水やりは午後10時ごろに終わる。

完全に時間外労働をしなければ間に合わない。

とはいえ、管理会社との間で締結された「標準管理委託契約*」の内容を熟知している理事長は、その時間帯に仕事をさせるのは契約違反であることを知っている。

おそらくこれまでもそうした部分で管理員ともめたことが少なくなかったのであろう。

だからこそ、彼は強いて命ずることはしない。管理組合が要求したのではなく、あくまでも管理員本人が自主的に行なうようにもっていくのだ。

そして、そのとき彼は〝交換条件〟として自動散水装置の話を持ち出す。

い状態に置かれていたものを、最高裁は「待機時間」と称して管理会社に残業代の支払いを命じた。

標準管理委託契約
管理組合が自物件の管理を管理会社に委託するときに必要となる契約書の指針として国交省が作成したもの。

「わしゃ、どっちでも構わんが、あんたが望むなら、自動散水装置をつけたってもええと思うとる。全域は必要ないとしても、7割方でも装置をつけたら楽になるやろ。それで1時間か2時間助かるんやったら、儲けもんや」

たしかに理事長の言うとおりであった。

蟹江理事長の提案をフロントマン・富田に打診すると、なんとも煮え切らない答えが返ってきた。

「南野さん、理事長になにかをお願いするときは、考えてモノ言わなあきませんよ。装置をつければサボれる思たはるんかもしれませんけど、仮に散水装置をつけたとして、その余った3時間、なにに使わはるつもりなんです？　あの理事長のことですから、必ずその時間を別のことに使えと言いますよ。それでもいいんですか？」

「私が言いたいのは、装置をつけなかった場合、早朝の水やり、つまり就業前3時間の水やり作業を誰がするのか、ということです」

「それはだって、南野さん、あなたの仕事でしょ」

「私の仕事であるとおっしゃる以上、時間外労働の対価があると理解していいのですよね」

「それは、私の権限でお答えできる範囲ではありません。こちらとしては、申し訳ありませんがそれでお願いします、としか言いようがありません」

「早い話、管理員の善意にすがるということでしょうか」

「私だって契約上は９時〜５時になっています。しかし、ご存じのように夜は遅いし、朝も早い。日曜日も土曜日もありません。それでも文句ひとつ言わずにやってるんです。それができないとおっしゃるなら、ほんまに辞めてもらうしかないんですよ」

結局は、抜いてはならない〝伝家の宝刀〟頼みなのだ。

つまり、標準管理委託契約に違反していようがいまいが、そんなことは知ったことではない。時間外労働がイヤなら辞めろということだ。

管理会社としては、理事長の機嫌を損ねて、契約を切られるようなことがあっては一大事なのである。理事長の機嫌を損ねないためなら、管理員が何人辞めようがたいした問題ではない。

理事会の席上でも「管理員はなんぼ代わってくれてもええが、理事長は代わってもろたら困る」と堂々と宣った太鼓持ち理事*もいたくらいだ。

「グラン・サルーン江坂」の理事たちにとっては、なにかと小難しいマンションの面倒を何年にもわたって見続けてくれる理事長の存在がありがたいのであり、マンション管理員が何人犠牲になっても意に介さないのだった。

その裏では、蟹江理事長とフロントマン・富田による、さまざまな不正が白昼堂々と行なわれているとも知らずに、理事会の夜は更けていくのである。

某月某日 **下っ端**：管理員の不満の原因

赴任して数カ月がすぎ、私たちはいよいよ蟹江理事長とフロントマン・富田から煙たがられていると感じ始めていた。

理事長は露骨に私に向かって「あんた、管理員に向いとらん」と口にするようになっていた。

日課である管理員室でのコーヒーを飲んでいた理事長に、家内が「われわれを

太鼓持ち理事
理事になりたくない人（それが大半だ）が輪番制でやむなく理事になった場合、発言権の行使よりは黙秘権の行使に力を入れるようになる。そうすると、完全に理事長独断の世界。まず人に質問をさせない。仮に素朴な疑問があったとしても「まあ、わしの長年の経験から言うても、そういうのはありえんな。強いてしたいと言うんなら、あんたがしてみたらどうじゃ」と相手が嫌がるのを見越した上で反論する。当然ながら、言葉に詰まると、「な、そうじゃろ」と同意を求めたカタチでことを収める。並みの理事では太刀打ちできないのである。

煙たがっておられるようですが」と皮肉交じりに水を向けたところ、理事長はしれっとした顔で、

「なにを言うか。煙たいというのは、下っ端の者が言う言葉ではない。煙たがられるのは上司や偉いさんのことであって、あんたらのような者が使うのは誤用じゃ。わしはあんたらのことなどなんとも思うておらん」

と言い放ったという。理事長の頭の中では、マンション管理員＝下っ端なのである。

私たちへのこうした扱いもさることながら、相変わらずの時間外労働についても心の中のくすぶりは大きくなるばかりであった。

再度そのことの是非を訊ねた私にフロントマン・富田は嘲《あざけ》るような笑みを浮かべて、次のように答えた。

「またその話ですか……。なに言うてるんですか、南野さん。そんなんはまだ序の口で、朝５時から仕事してる管理員さんなんかざらにいますよ。夜かって、10時の巡回を終えてから就寝する人も多いんですよ」

しかし、もしそうであるならば、その管理員さんも労働契約違反を強いられて

おり、管理会社も人を雇う法人として、あってはならぬコンプライアンス違反をしていることになろう。

納得のいかぬ私は反論を試みた。たまたま知り合った隣のマンションの管理員さんと親しく話す機会があり、その実情を直接聞いたからだ。

「お隣のマンションの住み込み管理員さんと仲良くなったのですが、あそこでの勤務時間は実質、朝の9時から夕方の5時までときちんと決められており、夜間や早朝の巡回は契約に入っていないそうです。あちらのフロントマンは『もしそれらの業務を望まれるのでしたら、管理組合のほうで警備員を雇ってください*』と理事会の席上でハッキリと断ってくれたそうですよ」

富田はさらに口を歪ませて笑いながら、こう言った。

「それやったら、その会社に入らはったらええやないですか」

某月某日 テナント：掃除するのはいったい誰？

警備員を雇ってください 管理会社がマンションの管理組合と管理委託契約書を取り交わす前に「マンション管理適正化法に基づく重要説明会」というものを開催する。この説明書に「管理会社の業務には防火管理者の業務や警備業法における業務は含まれていない」と断っている。時折、「今、公園で中学生がケンカしている。なんとかして」などと言ってくる住民がいるが、相手を間違えていると言わざるをえない。

「グラン・サルーン江坂」の１階はテナント用に貸し出されていて、「千手館」という整骨院が使用していた。

「千手館」の前には本来、置いてはならない鉢植えの植物、それも人間の背丈ほどのそれが間仕切り代わりにずらりと並べられていた。

患者の姿を少しでも見えにくくするためか、それとも患者のみが使えるスペースとする算段なのか、まるで小学生の陣地取りのようだ。いずれにせよ、共用部分の一部を独占使用しているのは間違いない。

だが、テナントのオーナーはなにも言わない。それどころか、借り主である「千手館」のセンセイの堂々とした態度を見ていると、そうした私物化使用までテナント契約に含まれているようなのである。

土曜日の深夜から早朝にかけて、猛烈な嵐が吹き荒れたことがあった。日曜日の朝*、公開空地へ出てみると、あちこちに金属の大きな灰皿付ゴミ箱が倒れ、フタがどこかへいっている。そればかりか、中身であろうコンビニの袋やペットボトル、ティッシュペーパーやコーヒー缶などが、そこここの樹木や植栽の縁にへ

日曜日の朝
もちろん定休日なのであるが、住み込みなので知らぬ顔はできない。風が吹いたり、雨がひどかったりすれば、立駐の地下（下段）にあるクルマが水に浸かるかもしれないので、その対応もしなければならない。たいていは貼り紙で事前に地上に上げておくよう注意喚起する。とはいえ管理会社はクルマが沈んでも責任は持たない。自分の身は自分で守るしかないのだ。

ばりついているのであった。

ゴミ箱を立て直し、フタを探してはめ、ゴミを拾い集め、ゴミ袋をコンテナに収めると、今度は駐車場に大きなスダレが落ちている。長さは3メートルもある。雨をたらふく吸って相当に重い。

誰かの私物である以上、勝手に処分するわけにもいかず、とりあえずまた吹き飛ばされないようにネット裏の空き地に丸めて寝かせておくことにした。

さらに、それからは「屋上でアンテナが変な音を立てているので見てほしい」だの、「畳ほどある大きなナイロン袋が屋上に向かって飛んでいった」だの、「自転車が将棋倒しになっている」だのと、いろいろと飛び回らなければならない用事が次々舞い込んできて、きりきり舞いの1日となった。

翌日の月曜日。フロントマン・富田が私を公開空地の一角に呼び出して言った。

「昨日はなにをしていたんですか?」

「なにをというと?」

「昨日はたいへんな嵐でしたよね。それなのに、なにもしなかったんですか?」

「いや、そんなことはありません。ゴミの類いがあちこちに飛んでいて、拾い集めたりしました」

「では、整骨院前のゴミはどうです。鉢植えの下がゴミだらけになっているじゃありませんか」

テナント前のゴミはテナント入居者が処理することになっている。

私の不服そうな顔を見た富田はいっそう声を高めた。

「いいですか、南野さん。あのテナントのオーナーさん*は、われわれに仕事をくれている開発業者なんですよ。それを無視したらどうなります。空いたテナントの穴埋めは、南野さんが取らなくちゃならなくなる可能性だって出てくるんです。日曜日だからって、手を抜いていたんじゃ、マンション管理員失格ですよ！」

日曜日は休日である。そして整骨院前は占有スペースであり、整骨院側で掃除しなければならないはずだ。

しかし、富田に言わせれば、そんなことは関係ない。オーナーや理事長の言うことはすべてごもっともというのが富田の営業姿勢なのである。そのしわ寄せはすべて管理員が負うことになる。

あのテナントのオーナーさん
テナントの持ち主（法人）はテナント賃貸も行なっており、「開発業者」に近い存在といえる。管理会社の不手際でテナントに空きが出れば、その責任を負わされかねないというのが、富田の言い分なのである。

「ホウキとチリトリはどこにありますか？　南野さんがやらないのなら、私がやります」

とはいえ、富田にやらせるわけにもいかない。

「いやいや。私がやります」ということで、整骨院前の掃除にとりかかった。

それにしても、権威者だけに平身低頭する富田に管理業務主任者*に必要とされる指導力、最前線で奮闘する管理員に対する気づかいやリーダーシップというものがあるのだろうか、とぶつくさ言いながら鉢植えの下に固まっていた枯れ葉やゴミの類いをさらえた私であった。

某月某日　クモの巣商法：クセモノ先生の戦術

なぜ富田がテナントにそれほどまでに気をつかったのかというと、1Fに入る整骨院「千手館」のセンセイというのがクセモノだからである。

センセイはことあるごとに携帯電話でテナントオーナーを怒鳴りつけ、管理会

管理業務主任者
理事会の司会者ともいうべき存在のフロントマンに必要となるのが、この国家資格である。ちなみに私も挑戦して、2度目にかろうじて受かった。家内に尻を叩かれ、「あなたが受けないなら、私が受ける」とまで豪語されて挑んだ結果だった。当時、私がこの試験に受かったのを知った北海道出身の四宮理事の奥さんがやってきて、「合格おめでとうございます。もうお勉強しなくていいですからね」と「おたる」という銘柄のワインをお祝いにくれた。以

社を呼びつけては謝罪させる性癖のある人なのであった。

蟹江理事長によれば、院の前にあるくだんの目隠し用鉢植え植物も、このセンセイ自らが菓子折をぶら下げて頼みにきたのでＯＫした産物であるらしい。

「公開空地の美観を保つ一助とするため、視覚的な癒しオブジェのひとつとして当院前に鉢植えの常緑樹を設置する。ついては、そのための費用を管理組合に負担してもらいたい」

まことにうまい話の持っていきようである。

公園や広場の美観形成に関しては日々、心を砕いているつもりの蟹江理事長としては、反対する謂われはない。

「管理組合、すなわち管理員や清掃員の手を煩わせず、自分で植物の世話をしてくれるのであれば」との条件付きで承諾したのだという。

ところが、結果は先にご覧のとおり。いつのまにか鉢植え植物への水やりは管理員業務の一環となっており、今回は嵐のどさくさに紛れてその周辺の掃除までもプラスアルファされてしまったのだった。

ところで、この「千手館」、朝早くから夜遅くまで開業しているにもかかわら

来、「おたる」はわが家にとって欠かせない晩酌ブランドとなっている。

ず、肝心の患者さんの入りはほとんどないのであった。口さがない理事長によれば、死にかけの爺さん婆さんだけが出入りする〝逝きそびれ館〟であるらしい。

当のセンセイはといえば、よほど暇なのか、いつ見ても院前に置いた灰皿の傍らで太鼓腹を抱えながらタバコを吸っている。その姿はいつもイラついているように見えた。

ちなみにそのセンセイと蟹江理事長は鉢合わせをしても挨拶すら交わさない。理事長に言わせれば「相手がしないから」だそうで、冷戦状態*なのだ。

そんなある日、私は面白い光景を目にした。

いつも杖を突き、大儀そうに歩く、70すぎの住民さんがいる。特にここ1週間ほどは相当な痛みに耐えた歩き方をし、一歩進むにも難渋しているようであった。

表でタバコをふかしていた「千手館」のセンセイがそのご老人に声をかけた。

ご老人、耳が遠いためか、たまたまその場に居合わせた私にまで聞こえる声で答えた。

「ここんとこ調子が悪うおしてな。整骨院に通うてますにゃ」

「いつから通うてはりまんの。藪ですわ、そんなとこ。うちへ来なはれ」

冷戦状態
なぜ2人がこんな仲になったのかはわからない。理事長はよく付け届けがないなどといってヘソを曲げたりしていたので、きっかけはそんな些細なことだったのだろう。私たちも随分、付け届けをして理事長の不機嫌をなだめた経験がある。なにか贈り物をすると、彼はすこぶる機嫌がよく、「そうか、そうか」と喜ぶ。とにかく〝わかりやすい〟人物なのである。

まさに〝クモの巣商法〟の現場であった。センセイは鉢植えの前でタバコをくゆらせながら、網にかかる餌の登場を待っていたのであった。

その数週間後、公開空地の中をゆっくりと歩を進めるあのご老人を見つけ、好奇心が押さえきれなくなった私はそ知らぬ顔をして訊ねてみた。

「だいぶおつらそうですね。ここしばらく千手館さんに通っておられたみたいですが、効果のほどはいかがです？」

「いかがです、ちゅわれてもなぁ」

「いや、じつをいうと私も長年の腰痛持ちでしてね。よければご厄介になろうかと思ってるんですよ」

「かなりきつうおますんか？」

「はい。ここんとこ、自転車整理のたびにビシッときて」

「ほな、悪いこと言いまへん。あそこだけはやめときなはれ」

「なんでです？」

「行ったらわかりますけど、あそこは治療らしい治療はせぇしませんで。機械がどこそこのなんやら製で、ものすご高価なもんやとか、自分はどこそこの施術院で学んだやら、能書きだけは上手に言わはります。けど、肝心の治療いうたら、長いこと待たせといた上に電気当てて、時間くるまで座らしとくだけですわ」

「そういえば、そういうタイプの先生、たまにいますよね」

「女の患者さんはそれでも、人の噂やら病気自慢やらで気ぃよう盛り上がってはるみたいやけど、こっちはそんなん嫌いやしな。しかも治りが遅いどころか、かえって腰が痛うなってこのざまですわ」

その昔、漫才師が放ったギャグに傑作なのがあった。

病院の待合室で診察を待っている患者が「最近、○○さん、来ないわね。病気にでもなったのかしら」と隣の顔見知りに訊ねるのである。

「千手館」の患者さんたちも、まさにこれと同じなのだと合点がいった次第であった。

某月某日　ミナミの帝王：浪速おとこ、恐怖の豹変

マンション管理員もさまざまなら、フロントマンもまたさまざまである。

私はといえば、相次ぐ得意先の倒産で売上げが伸びず、それならいっそのことと家内の提案を受け入れ、ほんのわずかな蓄えを携え、会社をたたんで管理員となった。1章にも書いたように、それ以上放っておくと、本当にホームレスになっていたはずだ。まさに間一髪の「明日はわが身」だったのである。

一方、フロントマン・富田はもともとは塾の数学講師だったと聞かされていたが、その前にはウソか誠か街の金融屋で取り立てのようなこともやっていたという噂だった。

「グラン・サルーン江坂」での労働契約内容と実際の勤務との落差について聞けばノラリクラリとかわし続ける富田にいよいよ我慢がならなくなった私はついにダイレクトに訴えることにした。

「朝の散水に自転車整理、夜の巡回と公園・広場の粗ゴミ拾い。宅配便の受け渡しと手荷物預かり。これでは14時間労働やないですか。まして宅配便の受け渡しは夜10時をすぎることもあるんですよ」

入社時の説明と入社してからの内容の乖離というのは「ブラック企業」として

よく知られるパターンだが、この手のトラブルは雇用主の会社が労働基準局の指導どおり、法令を遵守してくれさえすればなんの問題も生じない。

にもかかわらず、フロントマンやその上司はそれを〝グレーゾーン〟*と呼び、私たちの訴えも見て見ぬふりをしてきたのである。

不正義が嫌いな家内にはそれが許せなかった。私たちは裁判も辞さない覚悟で富田に対決を挑むことにした。

「こんな詭弁は許せない。正しいことを主張するためなら、最後の切り札として残しておいた蓄えを使ったって惜しくないわ」という家内の言葉が私の背中を押した。後ろ盾たる彼女がそう言ってくれるなら、鬼に金棒。

じつは私には、それくらいの覚悟で言い出せば、会社もこちらの言い分の半分くらいは呑んでくれるかもしれない、との打算があった。

いかつい顔をした富田も、初対面のときには「困ったことがあったら、なんでも相談するように」と言ってくれていたので、彼にも〝男の身上〟みたいなものがあるのではないかと期待したのである。

「もしこのような状態がこのまま続くようなら、裁判に訴えさせてもらいます」

グレーゾーン
彼ら特有の韜晦（とうかい）で、このように呼ぶことで問題の所在を曖昧にし、管理員を煙に巻くのである。

富田は私たちの覚悟を知ると折れるどころか、想像を超えることを言い放った。

「裁判に訴えるいうんですかいな。上等ですやん。訴えはったらよろしがな。受けて立ちまっせ」

私の必死の訴えを聞いた開口一番が、そのひと言であった。本性を現したのか、口調も一変していた。

「マスコミが騒いだところで、人の噂も七十五日。世間はすぐに忘れてしまいますわ。会社にしたところで、カエルの面にションベン引っ掛けてるようなもんで。そんな話、あっちゃこっちゃにあって、だーれも気にしまへんて。何千万持ってはるのか知らんけど、所詮は素人のゼニや。そんなもん、すぐ底つく。かわいそうやけど、会社のほうはそんなことありまへん。そんなときのゼニはしっかり使わしてもらいまっせ。うちにはこんなときのために、大物弁護士の××はんがバックについてくれたはりまんにゃ」

表情を一変させて、まるで『ミナミの帝王』に出てくる萬田銀次郎ばりの台詞まわしで一気にまくし立てる。こんな世界が現実にあるとは信じられない気持ちだった。

「貧乏人がなんぼ調子こいたかて、金持ちと地アタマのええ奴には勝てまへん。あの××はん相手に戦うんでっせ、南野さん。悪いこと言いまへん。ムダなことはやめときなはれ」

いったん開き直れば、ここまで変われる浪速おとこに脱帽せざるをえない。さしもの私も、自分がいかに無意味なことをしているかに気がついた。

こんな感覚の持ち主を平気で雇っている会社もしくは上司相手に直球勝負を挑んだところで、なんになるだろう。

意地を張って裁判所通いをしたところで、このさき何年もかかる。そんな消耗戦にかろうじて残る体力やなけなしの蓄えを費やすより、新しい仕事探しに精を出すほうがよっぽど意義がある。

私たちはその管理会社を退社することを決意した。結局、「グラン・サルーン江坂」での勤務は半年足らずのものとなった。

某月某日　また辞めた：コロコロ変わる管理員

私たちの後釜として「グラン・サルーン江坂」に赴任した管理員さん夫妻は、就業前に2カ月にもおよぶ研修を受けたという。さらに現地で、2週間の実地訓練を受けたのだという。管理会社としては、今度こそは長続きさせ、前例を払拭したいとの意図があったのだろう。

しかし、知り合いの清掃員さん*が報告してくれたところによると、この2人も着任後2カ月半ほどで辞めたという。就業規則によれば、辞める場合は、最低2カ月前に予告しなければならないとあるから、辞意を表明したのは、赴任してまもないころだろう。

私たちが着任したときに確認した日報によると、「グラン・サルーン江坂」では1年で5人もの管理員が入れ代わっていた。なかには、乱暴な殴り書きで、1ページにもわたる大きな字で「もう辞めた！」と書いている新任管理員もいた。

知り合いの清掃員さん
当時、蟹江理事長は私たちだけでなく、清掃員の仕事ぶりにも目を光らせていた。あるとき、清掃員さんをあまりにもひどく言うので、家内が彼女の味方になって反論した。「あの理事長に面と向かってかばってくれたのは初めて」と彼女は涙を流した。それが縁となって、私たちはいまだに彼女と交流を続けていて、年賀状でのやりとりも10年以上に及ぶ。

家内とそれを読んで、同情するとともに笑いを禁じえなかったものである。

その日報の次のページには、おそらく代行管理員によるものであろう美しい文字で、その日に行なった業務が丁寧に書かれていた。つまりは、たったの1日でブチ切れ「もう辞めた！」のである。よほどのことがあったのだろう。

こんな状態では、管理会社は立ちいかないのではないか。

そのあたりは、われわれも痛感しており、フロントマンの富田に警告したことがある。

「理事長に『契約外のことはできない』とはっきり伝えなければ、この連鎖は断ち切れませんよ。あとからくる管理員さんのためにも、これ以上の無駄な出費を抑えるためにもそうすべきだと思いますが……」

だが、彼はそんな言葉に聞く耳を持たず、言下に言い放った。

「そんなことは会社が考えることですよ。管理員さんがこのさき、何人辞めていこうが、引っ越し費用*がどれほど嵩もうが、南野さんにはなんの関係もないやないですか。会社がそれでも構へんて言うてるんですよ。とやかく言われる筋合いのもんではないんですよ」

引っ越し費用
管理員の赴任時の引っ越し費用は、管理会社がその上限を設けて一定部分

これが管理会社の本音なのである。

管理員に対しての理事長の不満は、必ず管理会社に行く。

「おまえンところの管理員はなっとらん。いったいどういう教育をしとるのか。あれではうちの管理員として務まらん。嫌なら別の管理会社にしてもええんやぞ」

いつものパターンで責めることになる。

責められたフロントマンとしては、自分のせいで管理物件がひとつ減ったとなると会社から管理能力を問われるので、「おっしゃるとおりにいたします」と管理員にきつく注意することになる。しわ寄せはすべて現場の管理員のところに押し付けられる。

いくら長期間にわたる研修を施し、種々の因果を含めても、指示そのものは理事長の言いなり、しかも管理員の善意におんぶに抱っこの軟弱姿勢では、どんなに頑健でやる気のある管理員だって音をあげる。身体のつらさ、業務のきつさにではなく、その理不尽さにアホらしくなってしまうのだ。

その後、ひと月半を経て、またまた清掃員さんからわれわれのもとに連絡が

を負担する。なので入れ替わりが激しいと、その分、会社経費がかさむ。管理員にとっては、多くを望みさえしなければ一銭も使わずに引っ越せる。私たちの場合は荷物が多すぎてかなりオーバーした。オーバー分は自分持ち。辞めていくときはもちろんすべて自腹である。

入った。

その後に「グラン・サルーン江坂」に着任した年輩の管理員さんもすぐに辞めたそうである。

1年半のあいだにわれわれも含めて8組もの管理員が入れ替わったわけである。「グラン・サルーン江坂」の住民さんたちはこんなにも頻繁に入れ替わる管理員のことをどう思っているのだろうか。そして次の管理員はいったいどんな理由で辞めていくのだろうか……。


本章では、長期留任による理事長のワンマンぶりと、それを制止すべき立場であるフロントマンの癒着ぶりを見ていただいた。

住民のために機能しなければならない管理組合が、理事長個人の遊具と化している構図はマンション管理員にとってばかりではなく、マンションの住民さんにとっても憂うべき事態である。

マンションの価値を高める外観を美しく保ち、住みやすさを追求するのが管理組合であり、管理員の役割であるはずだ。管理組合と管理会社、そして管理員の三者が一体でなければ、管理組合活動はうまく機能しない。

組合活動の人まかせ、他人頼りは結局、住民自身にブーメランとなって返ってきてしまうことだろう。

第3章 住民には聞かれたくない話

某月某日　不法駐車：おまわりさんは役に立たない

日曜日、夕方6時すぎ――。管理員室にやってきた住民さんが、3段式立体駐車場が使えなくなっているという。行って見てみれば、中段の横行パレットが脱輪している。

「これでは動きませんよね」

「キーもまわらないし、抜くこともできない。パレットがスライドできないので、自動的にストップがかかったんでしょう」

「わかりました。業者に電話して、すぐ来てもらいましょう」

「これは欠陥ですよ！　こんなことが起こるなんて考えられない！」

その言いぶりはまるで、立駐機がもともとこうした不具合を発生させる機能的欠陥を持っていた、もしくは日ごろのメンテナンスの手抜きだとでも言いたげだった。

それを聞いて、暑い夏の盛りに汗を拭き拭き、メンテナンス作業をする技術者たちの姿を見ている私としてはあまり気分がよくない。彼らや機械のせいであるわけがない。

そうではなくて、これはベアリングの摩耗やレールの擦り減りなどの結果かもしれないと思ったが、こういうときは決して住民さんの意見に逆らってはならない。当人は真剣に話している。しかも、かなりの自信に満ちた言い方である。だが、あれやこれやの議論はこの際、たいして意味をなさない。相手も素人、こちらも素人。素人同士の推断など時間のムダ*なのである。

このとき、私は大したことはないだろうと高をくっていた。外れた車輪を元に戻せば、すぐ使えるようになると思い込んでいたのだ。業者に電話を入れると、30分ほどで来てくれるという。

とりあえず、手書きで機械が故障で使用できない旨を書いた貼り紙を出した。これで安心。あとは、業者の到着を待ち、修理が済むのを見届けるだけだ。

と、思ったのも束の間、それから入出庫のできない住民さんから「自分のクルマが出せないが、どうなっているのか?」「入らないクルマはどこに置いたらよ

素人同士の推断など時間のムダ
事が起こったとき、なにくれとなく話しかけてくる住民さんというのは、えてして「自慢しい」が多い。「自慢しい」というのは、京都弁で「嬉しがり」のことで、自分がいかに物知りであるかを言いたくて仕方がない人種なのである。当の事案に対して建設的な意見を提供するという意識などなく、自らの知識を披露したい一心で話しかけてくるのである。

いのか？」「いつごろ回復するのか？」など、種々の質問の対応に追われることとなった。しまいには、駐車場のまわりに人だかりができる始末。

その後、しばらくして業者が到着する。業者は一目見るなり、「ああ、これは車高の高いクルマに横行パレットがぶつかって脱輪したんですね」とひと言。その言葉どおり、規定の高さ以上のクルマが下段に入っているのが確認された。つまり、住民さんの推断も、私の推測もともに間違っていたわけだ。

真の原因*がわかれば、あとは簡単。持ち主にクルマをどかしてもらい、しっかり因果を含めて、二度と置かせないように誓わせればいいだけだ。

ところが、そうは問屋が卸さなかった。その駐車場契約者の長谷川さんに何度も電話を入れたものの、つながらないのである。

緊急連絡簿にあった携帯の番号にも電話をするが、「おかけになった電話番号は現在、使われておりません」とくる。そして唯一頼みの綱であったナンバーそのものが契約書に記載されていないのである。停まっているのはどうやら契約者のクルマではないらしい。

業者が言うには、中段の契約者が下段を自分の段と間違えて入れた可能性があ

真の原因
立駐機というのは、定期的なメンテナンスをしておかなければ、不具合を起こす確率が高くなる。しかし、メンテナンスをしていても、この事例のように人為的に起こる不具合のほうが圧倒的に多い。

る、ということであった。そこで、中段の契約者に連絡するも、これまた不在。何度電話してもことごとく留守番電話。

そうこうするうち、時間だけがただ無意味にすぎていく。その間にもクルマの出し入れができない住民さんからのクレームが来る。

仕方なく警察に電話し、「契約車以外のクルマが立体駐車場に入っている。ナンバーを言うので持ち主を特定してほしい」と依頼することにする。

こういう場合、警察は決して使用者の住所・氏名は明かさない。明かさないが、当人には連絡してくれる。それを知った上での依頼である。

ところが、警察のほうでも当人と連絡がつかなかったらしく、およそ30分後、わざわざマンションに立ち寄ってくれた。時刻はすでに8時をまわっている。

「で、持ち主と連絡がつかない場合、どうするんですか」

「当該車両に、こういうところには駐車しないように警告文を貼ります」

「警告文を貼っていただいたところで、本人が見ないことにはわからないじゃないですか」

「しかし、これは公路上のことではないので、われわれにはそれ以外にどうすることも……」

「では、家宅侵入罪かなにかで、レッカー車で署に持っていってもらうことはできないのですか。少なくとも契約車両でないことだけは事実なんですから」

「しかし、これはあくまでも民事上の出来事なので……」

「民事上と言われても、他人の駐車場に勝手に入り込んでいて、あのクルマがあそこにある限り、ほかのクルマが出入りできないのですよ。ただ貼り紙をしておくだけで解決するとお思いですか」

「うーん。と、おっしゃられましても、われわれにもそれ以上のことは……」

話しているうちに、なんだか腹が立ってきた。

もとよりこの事件は、目の前の警察官のせいではない。だが、確たることを言わず、ノラリクラリとかわし続けるような対応に苛々が募るのだ。

「民事不介入」とやらを建前にこれ以上深入りできない、と言いたいのはわかる。だが、私としては、この緊急の場において机上の空論にすぎない法律論を戦わせたくて質問しているわけではない。いま現在、現実的に目の前で不法駐車しているクルマを退けてくれれば事足りるのである。

連動しているクルマ
3段式立駐機といっても、縦だけの上下ではなく、左右にも動く。地下にあるクルマが出るには中段のパレットがどいてくれないことには地上には上がれない。上中下と3段ある1段分のパレットに割り当てられている

「おそらく管理組合としては、損害賠償を請求することになりますが、その〝犯人〟の氏名を教えてもらえないのであれば、どうすればいいんです」

「そのときは、しかるべき手続きをとっていただき、弁護士さんから要請していただければと思います。その上でなら、われわれも協力できます」

「それじゃあ、この現実をどうするんです。たった今、ここの住民さんはガレージにクルマを停めたくても停められないのですよ」

「お気持ちはよくわかります。さきほど業者さんに聞いたところ、あの場所で連動しているクルマ*は10台ほどあるそうですが、その部屋番号はわかりますか。とりあえず、その部屋を当たってみましょう」

こうしてローラー作戦がとられたものの、肝心の契約者とは相変わらず連絡が取れない。

困り果てた警察官*は、最終手段としてパトカーから拡声器で不正駐車車両のナンバーを連呼した。

「持ち主の方ぁぁ、すぐにぃぃ、クルマを移動してくださいぃぃ」

マンションは反響音がすごい。拡声器の声はあちこちの壁にぶつかって、音が

クルマの台数が5台ある場合、その5台ともが同時に横へスライドすることになる。これを連動という。左右にそれがあれば、1台のクルマが上がるスペースを空けるために計10台ものクルマが連動して動き、下のクルマを通すのである。しかし、パレットが脱輪して動かない以上、その10台のクルマは出し入れできないことになる。

困り果てた警察官
警察官というのも因果な商売で、こんなときばかり呼び出される。このときの私はあまり知識がなかったこともあり、警察官に不当な言いがかりをつけたかもしれない。今にしてみれば汗顔の至りだが、よほど心根の優しい警察官ばかりだったのだろう。拡声器まで使って探そうとしてくれた姿勢には頭が下がる。

増幅され、一帯に響きわたる。

しかし、肝心の持ち主からの反応はなく、なにごとかと心配する見物人が増えるばかりなのであった。


このころには、例のクルマは中段に戻され、持ち主の出現を待つばかりになっていた。今夜中になんとかしないと、明日の朝には、さらなるパニック*が起こってしまう。いつまでもパレットに載せているわけにはいかない。

もし持ち主がこの場に居合わせたにしても、ここまで大仰になってしまっては出るに出られないのかもしれない。そんな心配も頭をよぎる。

かれこれ3時間。待ちくたびれた顔の業者が言う。

「管理員さん、みんなで力を合わせれば、クルマを駐車場から出すこともできますよ。なにせ、クルマをどかさないことには、話になりませんからね」

「わかりました。私の一存では決められませんので、理事の方々に了承を得た上でレッカー車を頼んでみることにしましょう」

そうして理事長を筆頭に、主だった理事に集まっていただいた*ころ、「管理員

さらなるパニック
朝の出勤時間は、皆さんがたいてい同じ時間帯になってしまう。特に3段式立体駐車場の場合は、1台のクルマが地上に出てくるまでに相当な時間を要する。仮にそれが3分としても、10台の待ち人がいれば、それだけで30分遅れてしまうことになる。とくにお年寄りの場合、何度も切り返して出てくるので、順番待ちでその時間が待ちきれず、遠巻きにイライラしている人もいる。こんな状態で明日の朝を迎えたら……と想像するだけで胃

さん、持ち主が見つかりましたよ！」という声。

時刻は9時半をすぎていた。

現場に駆け付け、クルマを移動させようとしている喪服姿の男性に声をかける。

「長谷川さんですか？」

「いいえ。違います」

「では、どうしてここへクルマを停めたんです。この場所は長谷川さんの契約スペースなんですよ」

「わかってます」

「でも、これはお宅のクルマでしょ。契約車じゃありませんよね」

「はい。長谷川さんの許可を得て、停めさせていただいたんですが、なにか……」

「なにかもなにも、たいへんな騒ぎになっていたんですよ」

少し離れたところから、これまた喪服を着た中年の奥さんが寄ってきた。

「長谷川ですが、なにかあったんですか」

「あなたが長谷川さんですか。クルマの上を見てください。凹んでいるでしょう。制限車高を超えた車両を停められたので、パレットが外れて、駐車場が動かなくなってきた。

主だった理事に集まっていただいた

基本的に管理員には、判断する権限もなければ裁量権もない。なにかがあれば報告し、それへの対処を仰ぐ義務のみがあり、事態をどう判断するかは理事会の役員たちにかかっている。このケースでは自分たちに危害が及ばないために、まだ集まったほうで、それが住民同士のケンカなどとなれば誰も出てこなかっただろう。

なっていたんですよ。それで持ち主を探して、ずっと警察の方に車両の呼び出しをしてもらっていたんです」

「えー。そんなことになってるとは……。すみません」

長谷川さんの説明では、ちょうど知人の通夜から帰ってきたところだという。通夜に一緒に行く知人がクルマでやってきたので、長谷川さんの駐車スペースに停めてもらい、長谷川さんのクルマに2人で乗り合わせて通夜に向かったというのだった。

「いやあ、どうしよう。こんなことになってるやなんて知らんかったぁ」

長谷川の奥さんは、その太い腰を無理に押し曲げて謝ることしきり。しかし、私に謝ってもらってもことは解決しない。

「とりあえず、集会室に来て理事の皆さんに事情を説明していただけませんか。皆さん、先ほどからずっとお待ちですので」

私にそう言われたときの奥さんの表情は、見るも無残なくらいだった。折り曲げられた太い身体が妙に小さく見え、喪服姿が痛々しい効果をもたらし、みじめな様相を演出していた。

おそらくそうした諸々のことが功を奏したのだろう。理事たちのあいだでは彼女の行為は故意ではなかったとして〝無罪放免〟となった。

また立駐業者も太っ腹な対応で、本来ならば修理費の請求をするところを今回のことは不問とさせていただきますとのひと言で解決したのだった。

最終的にはなにごともなく、クルマの屋根が凹んだくらいで済んだわけだが、彼女にはいい勉強になったことだろう。

横着は忘れたころにやってくる。ゆめゆめ今夜のことはお忘れなきよう。

某月某日 **騒音トラブル**：「階下がうるさい！」

マンションにおけるトラブルといえば、騒音問題がトップに躍り出る。

一般に生活音は、許容の範疇に属するといわれるが、同じ生活音でも我慢できる人とできない人がいる。法律では許容の範囲を「受忍限度*」というらしいが、人によって受忍限度は異なっている。

受忍限度
都道府県によって、騒音の基準は異なるようだが、条例によって定められている場合が多い。ふつうの住宅専用地域レベルだと、午前8時から午後6時までの時間帯での生活音は50デシベル、午後11時から午前6時までの時間帯では40デシベル以内というのが一般的だろう。夜の時間帯で図書館にいるよりもうるさく感じれば受忍限度を超えた「騒音」であると考えていい。

なにが異ならせるのかといえば、「被害者」たるその住民の、特定の住民に対するココロのあり方が大いに関係するのである。

たとえそれが、バイオリンの奏でる美しいメロディ*であっても、嫌いな人の出すものであると知れば、途端に騒音に変わるようなものだ。

管理員がもっとも困るのは、聞こえないような小さな音でも気になって眠れないと訴えられるときである。

そしてそういう人に限って、長年にわたり相手住民とやりあっており、根深い確執を引きずって愁訴《しゅうそ》している場合が多いのである。

「泉州レジデンス」に赴任してまもなくのこと。住民の大谷さんからクレームが入った。夜中に出す直下階の音がうるさくて眠れないというのである。

調べてみると、階下の住戸は長期不在届けが出ており、誰も住んでおらず、その隣の住戸もまた売りに出ていて、まだ買い手もついていない状態であった。

念のため、事情通の理事に訊ねてみると、大谷さんの苦情はこれが初めてではないという。

理事が言うには、別フロアの益田さんは仕事で動力ミシンを踏んでおり、急ぎ

バイオリンの奏でる美しいメロディ
以前、テレビでやっていた話で、京おんなが隣家の娘さんの奏でるピアノの音を聴いて、その家の奥さんに「娘さん、ピアノ上手にならはって―」という感想を述べるのがあった。これは決して褒めているのではなく、「うるさいからやめてくれ」と言っているのだということ。

の場合は昼夜を問わず仕事をする。時として、それが深夜に及ぶことがあり、それとは知らない大谷さんから以前より「階下がうるさい」と苦情が出ていた。そのたびに貼り紙をして注意を喚起していたが、一向にあらたまらず、歴代組合理事長もあまり関わらないようになっているのだった。

それで、大谷さんは真剣に取り合ってくれない管理組合ではなく、新任管理員である私に言うことで事態の収拾を図ろうとしている、というのだ。

もちろん、それを聞かされた私は、いきなり益田さんのところに行って注意したりはしない。

まずはセオリーどおり「最近、騒音がするとの苦情が出ています。とくに深夜の騒音は住民の迷惑となります。住民としてのマナーを守りましょう」といった、当たりさわりのない警告文*を掲示した。

これでも収まらない場合は、第２弾の文言を掲示する。

「依然、騒音問題があとを絶ちません。深夜および早朝の騒音は安眠妨害となり、人権問題にも発展しかねません。心当たりのある方は、良識ある対応をお願いします」

当たりさわりのない警告文
誰が読んでもなんの痛痒も感じない警告文に効果はない。いつぞやも騒音についての警告文を読んで「まあ、ひどい人もいるのねえ。近所迷惑だってわからないのかしら」と当事者であるところのご婦人がのたまった。自分だと気づかれないうちは、知らぬ存ぜぬを決めこむ人が大半なのである。

少しだけキツイ言葉を用いて注意を喚起するわけだ。

たいていの場合、第2弾の警告文で収まる。なかには「すみません。あの音はうちからのものでした。子どもが言うことを聞かなくて。これから気をつけます」などと謝りに来てくれる人もいる。

しかし、これでも大谷さんからの「階下がうるさい」という苦情はやまなかった。おそらく私以前の管理員さんはこの第2弾程度の警告文で終わらせていたのだろう。

私はさらに踏み込んだ内容を貼り紙にして掲示した。

「南棟の9階以上の上階で深夜、動力ミシンのような音がするとの苦情が出ております。心当たりのある方は、くれぐれも良識ある対応をお願いします」

効果はてきめんであった。

掲示して1週間後、「階下から以前のような音がしなくなりました」と大谷さん本人が管理員室を訪れて報告してくれた。

きっと音を出していた張本人である益田さんは自分が特定されているという恐怖を感じたのであろう。みんなから白い目で見られることを嫌う心理が益田さんの深夜作業をストップさせたのである。

某月某日　犬猿の仲：ある住民紛争の顛末

警告文の掲示だけでは解決がつかない場合もある。

石川さんと須藤さんは、隣同士で犬猿の仲――。

前管理員さんからの引き継ぎ*によると、「石川さんが被害者で、須藤さんが加害者」ということになっていた。「須藤さんは、石川さんの幼い息子さんでも見かけると大きな声で怒鳴りつける。だから、守ってやらなければ――」というのであった。

ところが、新任管理員である私のところにやってきた須藤さんの話はまったくの逆。そして、イメージも逆なのだった。

自営で保険業を営んでいるという須藤さんは物腰も柔らかで、言葉づかいも丁寧。紳士然とした中年の男性で、高慢な住民にありがちな、管理員を見下した態

前管理員さんからの引き継ぎ
基本的には管理業務マニュアル（管理会社が独自に作成したもので、社外秘となっている）に載っていないような、その物件に特有な事象が説明される。たとえば、どこそこにどんなクレーマーがいて、どんなことを言ってくるのか、理事長はどんな性格の持ち主か、新理事の選出の仕方などなど、書きだしたらキリがない。

度などまったくないのだった。

須藤さんの弁によると、夜な夜な石川さんの幼い息子が一定期間をおいて壁を叩く音で、家族全員が不眠状態に陥り、奥さんはノイローゼで、息子さんも不登校に。にもかかわらず、前の管理員は石川さん一家に依怙贔屓《えこひいき》し、その息子を自分の息子かのように可愛がっていた、というのである。

相当、恨みがこもっているのは話を聞いているだけでも伝わってきた。

しかし、ここまではまだ〝まとも〟だった。

須藤さんがヒートアップして言うには、石川さんの息子は、共同部分である躯《く》体《たい》を叩いているので、壁のどこかに穴が開いている。共同部分である躯体を傷つけ、財産価値を損なう行為を継続している以上、管理組合としては無視できないはず。それらの騒音は何カ月間にもわたって録音してある。みんなで自室に来て実情をたしかめてほしい、というのであった。

子どもが躯体を穴が開くまで叩くなど、そんなバカなことがあるものかと思ったものの、新任管理員としては「ご事情はわかりました。今度の理事会で報告しておきます」と答える以外ない。

とりあえず、理事長に報告する*と「また須藤さんですか。まだそんなことを言ってるんですね」と言う。以前にもそういう訴えがあったが、単なる生活音にすぎないという結論になり、取り合わなかったという。

「放っておいてください。住民間のいざこざは、管理組合は関知しないほうがいいんです。管理員さんも深入りしないほうがいいですよ」

とはいえ、最前線で須藤さんの相手をしているのは私なのである。

「もしまた須藤さんが言ってきたら、どうすればいいのでしょう」

「そのときは、文書にして提出してくれ、そうでないと理事会としては検討しないと言っていた、と伝えてください。前回のときもそう言ったら、なしのつぶてになりました。自分ちの家庭不和を誰かのせいにしたくてしようがないんでしょう」

数日後、須藤さんがやってきた。理事長から吹き込まれた情報がそうさせるのか、初対面ではよい印象だった須藤さんの顔つきが猜疑心に取り憑かれているように見える。

理事長から言われたとおり、主張を文書にして提出してほしいと伝えたところ、

理事長に報告
どんなことがあっても逐一、報告する。連絡の方法は会社勤めの理事長であればケータイで許可を得るし、在宅の理事長であれば電話連絡して了承を得る。そうしておかなければ、住民さんが直接、理事長にクレームなどを言いに行ったとき、「聞いてないよ」ということになり、管理員は職務怠慢の烙印を押される。

須藤さんはしぶしぶ了承して帰っていった。

そうして2週間ほどが経ったろうか。Ａ４判の用紙にパソコンで打った、小さな文字の並ぶ十数枚の文書が届いた。そこには、何月何日何時何分、どこそこの方角から叩くような音が何十分何十秒間続いたなどといった文がびっしりと並び、紙面を埋め尽くしていた。

それを見た理事会の決定は一方の話を聞くだけではよろしくないということであったので、石川さんからの言い分も文書にして提出してもらうことにした。

のちほど届いた石川さんからの文書も、これまた自分の家族にどんな罵声を浴びせかけられたか、といった文面が連綿と続く文書であった。

双方ともが互いを憎み、いがみ合っていることがはっきりとわかった。

その後、2カ月ほどして、石川さんは理事長からの勧め*で家庭裁判所に調停を申し込んだ。しかし、結果は不成立。調停委員の答えは「あんな人相手では、お子さんのためにも引っ越されたほうがいいでしょうね」だったという。

その間に須藤さんのお母さんが亡くなり、矛先はついに住民間の争いに干渉しない態度をとり続けている理事長や理事たちに向かってきた。

理事長からの勧め
こういえば聞こえはいいが、実際は面倒くさがっているだけ。マンションのトラブルは当人同士が解決しなければならない。理事長も内心は「君子危うきに近寄らず」といっ

須藤さんが言うには、あれほど事前に調べてくれと言っていたのに調べようとしてくれなかった。言われたとおり文書にして提出したにもかかわらず、相手の言い分だけに耳を傾けた。理事会として動こうとしてくれなかった。お袋が死んで、家内や息子はますます変になってきている。それもこれも理事長、あんたのせいだ……。

私はたまたま駐車場で須藤さんと理事長が出くわした場面に遭遇した。

「あんたら理事は全員、石川の手先で、グルになって、私の家族を崩壊させようとしている。私が前に住んでいたマンションの住人たちの指図で動いているんだろ。おまえらの怠慢で、家族は崩壊し、お袋は死んだ」

理事長に向かって毒づく須藤さんの表情は、私には狂っているようには見えなかった。狂っているとすれば、論理のほうであって、感情のほうではなかったのかもしれない。

本当にあのとき、単なるパフォーマンスでもいいから、理事たち全員で、石川さん宅を見に行き、なにもないことを須藤さん本人に納得してもらっていたら、その思いもこれほど深くは進行していなかったのではないか。そう考えると、

たところ。それを住民さんにわかってもらうため、「第三者に入ってもらって解決しなさい」と遠回しに示唆しているのである。

ちょっぴり後ろめたい気分に同情が混ざる、悲しい一幕*であった。

某月某日　ボール遊び禁止：ボールを取るための厄介な手続き

マンションの1階部分に樹木が植えられたオープンスペースが設けられてある。こうしたオープンスペースのうち、一般に開放され、誰でも自由に通行したり利用したりできる場所を「公開空地」という。

この公開空地は住民さんだけの専有物ではない。近所のガキ大将やタバコの旨さに味をしめた高校生、飲み会帰りの酔いどれサラリーマンも立ち寄る空間となっている。

そして清掃員さんを泣かせるのが、このサラリーマン（それとも住民？）で、会所*やちょっとした植え込みにその夜、たらふく腹に入れた中身を吐き出しているのである。

一度などは、駐輪場のバイクのシートの上にちょうどお好み焼きのようにまあ

悲しい一幕
このエピソードは京都でのものであり、この対立の結末を知る前に、私たちは大阪への転勤を命ぜられた。おそらくは今でもそれまでと同様に仲たがいしながら暮らしているか、家裁の人から示唆されたように若い石川さんのほうが引っ越しているかであろう。いずれにせよ、いったんこじれてしまった間柄というのはなかなか修復できない。いずれか一方が去るしかない。マンションの悲しい現実である。

会所（かいしょ）
私もこの業界に入るまで知らなかったが、雨水を流す溝と溝が交差すると

るく、こんもりと乗っかっていた。

見るだけでも気持ち悪い、こうした代物を処理してくれるのは清掃員さんたちで、彼女たちは「また、なってましたね」と平然とした表情で処理してくれるのはまさにプロの仕事である。

こうした具合だから、公開空地に隣接する住居は知らず知らず不利益を被る場合もある。

野崎さん宅の専用庭*に隣接する公開空地は格好のボール遊びの場となっていた。そして、子どもたちにとってさらに都合のいいことに、野崎さんは滅多に在宅していないのだった。だから、そのまわりで多少騒いでも、あまり文句は言われない。

もちろん当マンションは、公開空地でのボール遊びは全面禁止となっている。もしそのボールが、専用庭などに入ったり、テナントのガラスを割ったりしても、管理員や清掃員は一切、関わってはいけないことになっていた。

なぜなら、マンションの法律である管理規約において、住民間トラブルは住民同士で解決し、管理組合は関知しないことになっているからである。管理組合が

ころをこう呼ぶ。まさに文字どおりであり、思わずウーンとうならされてしまった、かつてのコピーライターであった。

専用庭
これも当初は「せんようてい」と読んでいたが、どうやら「せんようにわ」と読むのが正式らしい。湯桶読みだか、重箱読みだか知らないが、ニホンゴというのはややこしい。1階に位置する区分所有者のベランダに相当するところは地面になっており、なかにはそこで家庭菜園をする人も多い。菜園ならまだしも樹木を植えられると、それが問題となる。隣地の専用庭に枯れ葉や枝が伸びてきて、住民間トラブルのもとになるのである。

関知しないことは、管理会社も、その従業員である管理員や清掃員も関知しない。

ある日のこと。小学校4～5年生くらいの女の子3人がやってきて、野崎さん宅の庭にボールが入ったので取ってほしいと言う。

その数週間前、彼女たちがボール遊びをしていたので、「ここでのボール遊びは禁止。ボールが入っても取らないからね」とわざわざ因果を含めておいた少女たちだった。

「この前、おじさん、言っておいたよね。ボールが入っても取らないよって」

「やっぱり、ダメですか」

「ああ、申し訳ないけど、約束だからね。あそこの住民さんは今ここには住んでいないんだ。なので連絡は取れない。もし来られたら、ボールを届けてもらうようにするから、それまで待っててね」

「わかりました……」

それから3日ほどがすぎたころ、管理員室に親子連れがやってきた。話を聞けば、どうやらあのときにやってきた少女とそのお父さんであるらしい。

「じつをいうと、私、隣のマンションの住民なんですが、ご存じのように、うちはお宅と同じ管理会社が管理しているんですよ。ですから、会社を通じてお願いしようと思ったんですが、せっかく近所にあるので直接、おうかがいしようと思ってきたんです」

「はい。それで……」

「それで、同じよしみといいますか、ひとつの縁ということもありまして、管理員さん立ち会いの下で、あのボールを取らせてほしいんです。あれくらいの塀は、私なら簡単に乗り越えられます。管理員さんにお願いするというのではありませんから、どうぞご安心ください」

これはマズイ。住民とは無関係の人間が、オートロック*のドアを入っただけでも「住居侵入罪」に問われる可能性があるのに、他人の専用庭に塀を乗り越えて入るのを管理員が黙って見逃すわけにはいかない。「家宅侵入ほう助罪」になってしまう。

「他人の住居に入るのであれば、それなりの手続きが必要になります」

「手続きとは？」

オートロック
認知症の出た独り住まいのお年寄りがいつも暗証番号を忘れてドアの前で四苦八苦していた。仕方なくカギを使って入ろうとするのだが、カギ束の中のどれがそのドア用のものかがわからなくなってしまう。そこで家内が「オートロック用のカギだけに色を付けておいたらどうか」と提案した。しかし、なんのために色が付いているのかわからなくなってしまうのだった。その住民さんはその都度、管理員室のインターフォンを鳴らして「開けてくれ」というのだった。

名前と電話番号を聞かせてもらい、理事会に諮った上で*、理事の過半数が賛成し、ボールを取ってもいいという了解が得られれば……という手順を説明したところ、お父さんは顔を曇らせた。

「そんな面倒なことをしなくちゃいけないんですか。私は管理員さんが目をつぶってくれさえすれば、それで済むと思っていたんですがねぇ。たかが、子どものボール1個のことじゃありませんか」

お父さんの言い分もわからないこともない。しかし、たとえばボールを取りに専用庭に立ち入って、足元の植栽のひとつでも傷つければ「器物損壊罪」にだってなりかねない。それに管理組合としては、こういうことが予測されるから、事前にここでのボール遊びは禁止としているのである。マンション管理員としてはやはり見逃すことはできない。

結局、お父さんはしぶしぶながら納得して帰っていった。

ちなみにボールはそれから1週間後、この部屋の住民・野崎さんが管理員室に届けてくれた。ボールをなくした子どもたちの心を慮ってのことである。

だが、肝心の持ち主の電話番号を教えてもらっていなかった。連絡しようにも

理事会に諮った上　役員で協議しなければならない事案は多い。大きなところでは長期修繕計画の内容の変更や、その工事の方法、価格、業者の選定、その修繕工事を行なうために足らなくなる修繕積立金の増額など。小さなところではこうしたボールを取るための手続きなど。

できず、仕方なく管理員室前のカウンターに置いていていたら、いつのまにかなくなっていた。

なにはともあれ、まわりまわって当人の手元に届いたのだと信じたい。

某月某日　追及！　犬糞犯人：歩けども歩けども…

これは、私がマンション管理員になって初めて赴任した「アーバンライフ京都」で体験したエピソードである。

業務が終了して1時間ほどが経ち、食事も終わろうとしていたころ、いつも私がモモミと呼んでいる、ちょっぴりこましゃくれた女の子がピンポンを鳴らして言ってきた。

「おっちゃん、セメントのとこで、犬のウンコさしたはる。いっつも、今くらいになったらナ、犬連れてきてな。ブランコのとこでウンコさしたはんね」

「わかった。いま行くから、そこにいててや」

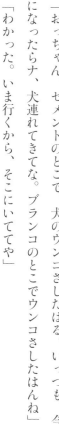

管理員室を出ると、エントランスにモモミが立っていて、公開空地にあるブランコで遊んでいる2人の男の子を指さして言う。

「あの人ら、セメントの上にした犬のウンコに砂かけたはった」

その指の先を見てみると、アプローチの舗装道路上に点々と砂山が盛られ、連峰のようになっている。ウンコを隠したつもりの小山なのであろう。

アプローチはマンションの玄関口。アプローチに砂などがあってはならない。これまでもアプローチに砂まみれのウンコが置かれていることが何度かあり、処理に苦労*させられていた。

モモミにしてみれば、管理員のおっちゃんが朝に夕に掃き清めているアプローチがウンコで汚されるのは見ていられなかったのかもしれない。

「わかった、モモミ。ありがとうな」

こっくりとうなずくモモミ。2人の男の子は2匹の仔犬を傍らの柵につなぎ、そ知らぬ顔でブランコ遊びを楽しんでいる。

「きみら、どこの子や。このマンションの子やないやろ。住所は?」

「引っ越してきたばっかりで、知らん」

処理に苦労
砂まみれのウンコは、砂を払ってからゴミ袋に入れて燃えるゴミとして処理する(ただし、自治体によって処理方法が違うこともある)。なかなか手間がかかるのだ。

大きいほうの男の子が言った。体格からすると、中学1年生になったかならないか、くらいだろうか。

「ほな、学校は？」

「○△中学」

「そうか。名前は？」

「野見山隆太」

「隆太君か。この子は、きみの弟やな」

声を出さず、目を伏せる。

「わかった。ほな、お兄ちゃんとして、自分らがなにをしたか言うてみ」

「犬にウンコさした」

「犬にウンコさしたら、あと、どうせなあかん」

「持って帰る」

「そうや。この看板*にも書いたあるやろ。家でもそう言われてるはずや」

その言葉に彼は無言のまま、不貞腐れたようにうなずく。

「けど、実際はそうしてへんわな。ビニール袋も持ってへんしティッシュも持っ

この看板
最近の注意喚起看板は「いつも美しく使っていただき、ありがとうございます」というトイレのそれのように気の利いた文面のモノになってきている。この看板に書かれていた文言は「ぼくはウンチを持って帰れません。だから、飼い主が持って帰ってね」だった。

てない。いっつもブランコのとこでウンコさしてたんは、きみらやな」

兄の無言が続く。その兄を横目に弟がいつのまにか、ウンコを包んだ砂山を砂ごと両手ですくい取り、ブランコの横に運ぶ動作を繰り返している。ブランコの横は砂地になっているからだ。ここにおけば、通行の妨げにはならないと思っているのだろう。

「常習犯やからな。親御さんにひと言注意したる。電話番号、言うてみ」

彼はかなり逡巡し、間を置いたあとで電話番号を答えた。

「お母ちゃんに電話して、二度とせんように叱ってもらうさかいな。覚悟しときや」

数カ月にわたり糞害に悩まされていた私は〝犯人〟を目の前にしてたかぶりすぎてしまった。だが、覚悟しておかなければならないのは、私のほうだった。今にして思えば、この時点で〝訓戒処分〟くらいにしておけばよかった。

教えられた電話番号に携帯でかけてみると、少年の言った名前とは似ても似つかぬところにかかった。

「きみ、嘘吐いたな。ほんまのこと言うてみぃ」

「あれは引っ越す前の番号で、今度の番号は覚えてへん」

「あくまでも白を切りとおすつもりやな。よし、わかった。ほな、きみの家へ行こう。それで、きみが嘘吐いてるかどうか、わかるやろ」

相手の頑固さと不誠実さによって、感情はエスカレートした。

覚悟しておけと豪語して引っ込みがつかなくなってしまった私は、やり遂げねばならないという使命感と小さなモモミの期待を一身に背負って、歩き出した2人と2匹のあとをついていく。

小さな道路や大きな道路を右や左に曲がり、学区外れの踏切をすぎる。それでも少年たちは一向に足を止めない。

この家か、それともあの家かと思いながら、その都度、期待を裏切られ、時計を見れば、40分近くも歩いている。

私はついに切れた。

「ええ加減にしいや。こんな遠くからどうしてあんなとこ行ったんや。離れすぎてるやないか」

「お母さんが行け、言わはった」

言いつつも、少年の足はなおも止まらない。追跡し始めて、1時間が経とうとしていた。

ここまで来たら、もう意地だ。ここで無罪放免にすれば、いったいなんのための追跡劇だったのか。

「ええか、隆太君。なに考えて歩いてるんか知らんけど、このまま夜中になっても朝になっても、おっちゃんはついていてくんやで」

一向に止まらない少年の足は、ただ闇雲に家から遠ざかろうとしているだけのように見える。陽も沈み、あたりはずいぶん薄暗くなってきた。白内障と網膜剥離を患って乱視気味の私の目には、人の判別もおぼつかない。

と、そのとき、少年の身体が左を向き、来たときの方角へUターンした。もう逃げきれないと判断したのかもしれない。

「なんや。これやったら結局、もと来た道を後戻りしてるだけやないか」

それからは、老体の私にはついていくだけが精一杯の、半ば走るようなスピードの2人がある家の前で立ち止まった。

少年がうつむきがちに指さしたのは、マンションにほど近い一軒家だった。

だが、家の前に掲げられた表札の名前が違う。

「苗字が違うてる」

「野見山はお母さんが結婚する前の名前で、これは新しいお父さんの……」

「もうええ。きみの嘘は聞き飽きた」

言い合っているところへ、黒塗りのいかついクルマが停まった。

ゆったりとクルマを降りてきた男性が私をにらみつけ、巻き舌がらみで言う。

「お宅、なんでんの。うちの息子になんか用ありまんのか」

声もいかついが、顔のほうはもっといかつかった。一見してその筋とわかる、がっしりしたお兄さんであった。

まずいことに巻き込まれた。私は肝を冷やした。お兄さんの怒りが私に向かってきたら、どうしよう。

「よ、用もなにも、この子らはお宅のお子さんですよね」

「ああ。そやが、それがどうしたちゅいまんね」

「私はこの先のマンションの管理員で、南野といいます。この前から犬のフンに困らされていまして。今日、この子たちが犬にウンコさせた現場を確認した上で、家まで来させてもらったんです」

　お兄さんは私から隆太君に視線を移して言った。

「またか、おまえは。犬、散歩さすときはビニール袋持って行けて、あれほど言うといたやろが！」

　その言葉を言い終わるか終わらないかのうちに、お兄さんの平手が隆太君の耳のあたりをバンと音がするほどに叩いた。

　それを見た瞬間、これまでの道中のイライラは消え失せ、隆太君への同情に変わった。1時間以上も連れまわされたなどとブー垂れようものなら、彼はこの先どうなってしまうだろうか。

「いや。そんなに何度もしたわけではありませんし。私は、二度としないと誓っていただきさえすれば、それでいいんで……」

「すんまへんな、管理員さん。上がっとくんなはい」

「いえ、これから巡回の業務も残っていますので……」

　私は隆太君になにごともないことを祈りながら、マンションへの道を急いだ。

　嘘ではなく、本当に巡回の業務*が待っているのだった。

巡回の業務

こんなことになるのなら、最初から彼を〝訓戒処分〟で放免し、マンション内の巡回でもしていればよかったのである。

某月某日　ターゲット：わがまま人間が目をつけたのは…

住民の中には、こんなことにまで文句をつけるのかとあきれ返ってしまうほど、わがままな人間もいる。

いつも原色系の派手な装いで闊歩している藤平さんのターゲットは、毎朝一定時刻にマンション前にやってくるデイケアのクルマだった。

デイケアとは、福祉や医療関係施設が自分ではあまり動けないお年寄りや身障者などに提供している日帰りケアサービスである。

そのサービスのために毎朝やってくる特別車両が出入りの邪魔だといって、鼻息も荒く管理員室にクレームをつけに来たのである。

「よりによって、私のクルマの前にあんな大きなクルマを停めるなんて、ふざけ

住民の中にはこの巡回を「パトロール」とみる向きもあるようだが、実際は警備員のそれではなく、各所の目視点検に費やされる。たとえば、天井にクモの巣が張っていないかとか、照明が切れていないかとか、放火につながりやすい新聞紙などが廊下に放置されていないかなど、懐中電灯を片手に見てまわるのである。そして蛍光管が切れていれば、それを替えるために事務所に戻り、脚立と新しい蛍光管を持って現場に行き、取り替えることになる。最近はLED化される物件も多く、その必要のないところもある。ここ5年ほどでマンション管理員のこうした業務は様変わりしている。

てると思いません？　向こうも仕事かもしれませんけれど、私にも仕事がありますからね。今日のように、いつなんどき出て行かなければならない用事があるかわからないんです。今後二度とあそこに停めないようにしてください」

デイケア車の停車所要時間は、使用者のいる部屋に行き、車椅子に乗せて戻ってくるまでの、ほんのわずかにすぎない。長くても5〜6分くらいのものだろう。

デイケアの世話になっている今井さんは80代のおばあさん。半身不随になっていて、いつもスタッフに車椅子の背を押されて階下にやってくる。

話しぶりや仕事ぶりからも、デイケアの若手スタッフたちの今井さんへの気づかいが見てとれたし、今井さんもまた私や家内に「いつもすみません」と頭を下げてからデイケア車に乗り込んでいくのである。

毎朝のその光景は、心温まる風物詩でもあったのと、デイケアスタッフたちのきびきびした動きは、接客業である私たちも学ばなければならないと思わせられるものだった。

ただ不幸なことに、デイケア車にとって今井さんの車椅子を受け入れるのにもっとも適した場所が藤平さんのガレージ前だった。

苛立ちながら、クレームをつける藤平さんに私は抗弁した。

「おっしゃることはわかりますが、せめて少し待ってあげたらどうですか。毎朝、時間が重なるわけでもないでしょう。たまたまクルマをお出しになるときにデイケア車が来てもせいぜい５分なんですから」

「その、５分が問題なんです。これじゃ一種の営業妨害*ですよ」

「でも、こういってはなんですが、今はお元気な奥さまも、いずれはお行きになる道なんですよ。もしご自分が同じ立場になったら、どうなさいます。あちらさんとしても、いつも遠慮なさってるじゃありませんか」

「それとこれとは別。ここは、マンションの敷地内で、この前はガレージへのクルマの通り道なんです。いくら福祉だから、医療だからって勝手なことは許せませんよ。仕事なんですから、表通りで待機してもらえばいいんです。どの道、車椅子に乗せてもらっているんだから、たいへんなのは若いスタッフだけで、車椅子の方がしんどいというわけじゃないでしょ」

たいへんなリクツもあったものである。

しかし、管理員としての反論はこのあたりまでが限界である。

一種の営業妨害
請負仕事を自宅でしている場合、得意先の要望に応じて、すぐに飛んでいかなければならないこともある。遅れれば、得意先の心証が悪くなるし、「時はカネなり」であって、藤平さんの言い分もわからぬこともないのだが……。

今井さんやスタッフたちには悪いと思ったが、藤平さんの勢いに押されて、デイケアの送迎車は敷地外の車道でお待ちいただくことになった。

敷地外の車道はのぼり坂となっており、下方にあるマンションから行くと、車椅子の加重は相当かかるに違いない。

その労力と時間的ロスを割り引くための敷地内駐車であったのだろうが、スタッフには申し訳ない仕儀となってしまった。

やがては私もああなる可能性もある年齢。切ない思いを噛みしめながら今井さんを見送った朝だった。

某月某日

おすそわけ：嬉しいプレゼントの言い訳

藤平さんのようにクレームを生きがいにしている住民がいるかと思えば、われわれ管理員にもじつに丁寧に気をつかってくださる奇特な住民さんもいる。

「泉州レジデンス」に赴任早々、お近づきの印にとメロンをくださったご婦人もいた。ご高齢のため、なにかことがあったらよろしくということだろうと勝手に解釈しているが、そういう気づかいをしてくださること自体、ざらにあることではない。

人間、優しくされれば親切心も芽生える。「毎日、館内を美しくしてくれてありがとう」などと言われれば、生まれつき単細胞にできている私など、天にも舞い上がる心地になろうというもの。それで、さらに気を入れて頑張れば、まさに好循環の輪*が広がっていく。

マンションの価値は、外観でその半分が決まると聞いたことがある。

つまり、植栽やエントランス、アプローチなどの手入れがよく行き届いていればいるほど、そのマンションの好感度はアップする、というのだ。

その部分の評価が高ければ、内実のほうもまた管理の行き届いた、いいマンションという評定になる。築年数がいわれることもあるが、いくら年数がたっていようと、定期的に保守点検がしっかりなされてさえいれば、マンションの住み心地の大半は視覚的要素*が占めるといっていい。

どこの管理会社であっても、物件の保守管理自体は「マンション管理適正化

好循環の輪
視覚的に気分がよくなる清掃の仕方であれば、おのずと住民さんの気分も晴れてくる。「管理員さん、ありがとうございます」となる。この好循環が続くことで、相互の信頼関係が牢固となっていくはずなのだ。

視覚的要素
住み心地がいいマンションというのは、住民さんの民度もさることながら、見た目にも爽やかで、清掃の行き届いた廊下やア

法」など、種々の法律や規約によって定められた基準に従って適正に実施されており、そんなにバラツキは見られない。

だとすれば、いい管理員さんのいるところが、住み心地のいいマンションということになる。

そうしたことを知ってか知らずか、ある日、決まって同じ時間帯に朝の挨拶を交わすおばあさんが、珍しく業務終了間際にやってきた。

「これ、もろてもらえまへんやろか。ちょっと買いすぎてしまいまして」

と、レジ袋に入った缶入りマンゴージュースを差し出す。

「えっ。いいんですか、こんなにたくさんいただいて」

たしかに数多く入っているようで、ずしりと重い。

おばあさんの姿が見えなくなってから、中身を見てみると、にぃ、しぃ、ろー、10本も入っている。

どんなにうっかりしていようと、ぴったり10本も買いすぎてしまうことは絶対にありえない。それも今、向かいのスーパーで買ってきたばかりの冷え方をしたジュースなのだ。


プローチ、花壇や植栽の美しさによるところが大きい。公開空地や提供公園の状態も「ああ、あそこでひと休みしたいな」と思わせる環境であれば、近所の評判も高まり、いざ売却するというときにも役立つ。薄汚れたマンション、植栽の伸び放題のマンションは、はっきりいって資産価値は低いとみていい。

プレゼントの言い訳もここまで突き抜けると、小気味がいい。なにより気持ちの届け方が憎いではないか。

なかには、受付のカウンターに手作りの造花を——と本物にも見まごうほど精緻な鉢植えを届けてくださる方もいる。それを見たほかの住民さんがわざわざ近寄って、花の香りを嗅ごうとするくらい精巧にできている。

しかもその方は四季折々にそれを届けてくださる。* 毎年、その季節になるとカウンターに飾るので、「ああ、もうそんな季節になったのね」と楽しみにしてくださる住民さんも出てくるのである。

そんなことがあって以来、恩返しを考えた家内はなにかいいことがあると〝お福分け〟と称して、ちりめん山椒とかキュウリの漬物などを手作りして、親しい住民の方にお届けしている。

住民さんとマンション管理員、お互いの心が豊かになれば住み心地はきっとアップするし、それはマンションの価値にもつながるはずである。

四季折々にそれを届けてくださる
息子さんはアメリカで医師をしているという独り暮らしのご婦人。われわれ管理員を頼りにしてくださり、いつもそのお礼といって造花を贈ってくださる。今では毎年恒例のエントランスの彩りになりつつある。

某月某日 **認知症**：「明日はわが身」の話

森さんは「泉州レジデンス」の元理事長で80歳。なんでも若いとき、工場で働いていていて、両足の指のすべてを失くしたらしく、歩くときはいつも摺《す》り足だった。見るからにおっとりとした性格で、いつもスタスタと速足で歩く、せっかちな奥さんとは対照的だった。

そんな森さんの奥さんがたびたび管理員室を訪れて、妙なことをこぼすようになった。

「かつて勤めていた会社の△△部長が自分たちのことをいつも見張っていて、スーパーで買い物をしていると、その中身を見て、あんなしょーもないものを買ってと蔑《さげす》んだ言葉を吐くのが聞こえてくる」「△△部長が自分の預金通帳を持っていて返してくれない。あれには若いときから貯めた数千万円が入っているので、それがなければこの先、生きていけない」

どれも涙ながらに訴えるのである。

こうした訴えが数回続いた際、私はご主人に奥さんの現状を告げた。すると、「そんな金はもともとない。彼女がなにを言ってきても今後は取り合わないでほしい」と言うのだった。

しばらく様子を見ていたものの、その頻度はますますエスカレートし、マンション管理の業務に支障をきたすようになってきた。ご主人に言っても相変わらずのらりくらりで埒が明かない。

私たちはフロントマンの了解を得、入居者名簿で彼女の緊急連絡先*となっている女性のところに電話をすることにした。

電話口に出たのは御年86というご婦人だった。森さんの奥さんのことを話すと、「まだそんなことを言ってるんですか。相変わらず治っていないんですね」と言う。なんとこのご婦人も私たちと同じ目に遭っていたのだ。

しかし、そのままにしておくわけにはいかない。電話帳で市の公共福祉関係の施設を調べ、そこの相談員に森さんとその奥さんと話してもらうことにした。

もちろん、管理会社としてマンション管理員にそれをせよと命じているわけで

緊急連絡先
独居老人で、親族や身寄りのない人は自分の親友やケアマネージャーなどを緊急連絡先にしていて、必ずしも縁者とは限っていない。森さんの奥さんは、親友をそれに指定していた。

はなく、完全に業務外の仕事となるのだが、そうでもしないことには1日何十分も話し続けられて、肝心の仕事が疎かになる。まずは後顧の憂いを払っておくというのが、管理員としてのセオリーだろう。

帰りに管理員室に立ち寄ってくれた相談員さんに訊ねると、「認知症で妄想が出ていますね。ああなると、私どもでは対応できません。ご親戚かなにかにお願いしてみられてはどうです」と逆にこちらがお願いされる始末。

それからは東京にいる妹さんや、近くに住むという姪御さんにも連絡した。

しかし、いずれも奥さんの病状に手を焼いているのがわかった。

そうこうするうち、今度は森さんのご主人が自転車に乗って出かけていき、コンビニでコップ酒を買ってきて、駐輪場でフタを開け、ラッパ飲みをするようになった。どうやらご主人にまで認知症の症状が出てきてしまったようだ。

さらに数カ月後、ご主人は近くのスーパーで倒れ、入院した。

ご主人の看護を行なったのは、さまざまな妄想でわれわれを困らせ続けたあの奥さんだった。不思議なことにそのあいだは奥さんからの妄想の訴えはぴたりとやんでいた。

さらに数週間後、ご主人は病院で息を引き取った。

しばらく気丈にしていたように見えた奥さんだったが、再び「△△部長に家に入られた」と言ってはカギ屋を呼びつけ、ドアのカギを何度も付け替えさせるようになった。あれでは、お金がいくらあっても足りないだろう。私たちは、余計な心配を募らせた。

その後、森さんの奥さんは、姪御さんのしっかりしたフォローの甲斐あってか、それとも医者から処方された薬が効いてか、その訴えはやんだ。

それこそ「明日はわが身」である。日頃から健康に留意し、身体を鍛えておくに越したことはないと思っていたところ、家内から情報があった。

森さんの奥さんは今、しゃべる人形*を部屋に置いていて、それと話をしているのだという。

その情報を聞いてから、かれこれ数カ月が経っているが、森さんの奥さんからはなんの音沙汰もない。コロナ禍での自粛もあるのかもしれないが、ふだんテレビなどは観ないと言っていた奥さんだから、やはりお人形さんとのおしゃべりで精神の安定が図れているのだろう。

しゃべる人形
昔、この手の犬型ロボットがあったが、それの人形版なのだろう。家内によると、家に帰ってきたら「お帰り」と言ったり、歌を歌ってくれたり、話をしてくれるのだという。

某月某日 **社長の訪問**：家内の「謝らない」宣言

マンション管理員になったわれわれが初めて赴任したのが京都の分譲マンション「アーバンライフ京都」である。

マンション管理員としての基礎*を叩き込まれた思い出の地でもあるのだが、ここでの勤務はわずか1年足らずで終わった。うるさ型住民との行き違いから始まったトラブルは、管理会社を巻き込んでの大騒動となった。

「アーバンライフ京都」の管理員室で家内が窓口対応していると、住民の江守さんから「通行管理をしている警備員*がマンションの敷地内に痰を吐いていた」という報告があった。

江守さんはなにかにつけ、文句を言ってくるうるさ型で、住民の間では鼻つまみ的存在になっている年輩女性であった。

マンション管理員としての基礎
管理員が知っておくべき知識を座学で学ぶだけでなく、実際に自社の管理物件であるマンションに行って、現地の管理員から種々の事柄についてレクチャーを受けたりする。

通行管理をしている警備員
警備員にもさまざまな性格の人がいる。大規模修繕工事のときに勤務していた警備員は誰彼となく話しかける人で、明らか

家内は、彼女に不愉快な思いをさせたことを詫びるとともに、工事の現場責任者に事情を話し、江守さん宅へ「二度とあんなことはさせません」と謝りに行ってもらった。

これで江守さんも納得すると思っていたところ、結果はまったく裏目に出た。

江守さんが事務室に怒鳴り込んできていわく、

「ああいった職業の人たちは育ちがよくない。下手に注意したりすれば、なにをされるかわかったものではない。だからこそ管理員さんに頼んだのに、これではなんのための管理員かわからないではないか」

これを聞いた家内は、今時こんな感覚の人がいるのかと驚いたという。

警備員に対しての差別意識はもちろん、管理員であればどうなってもいいとでもいうような言い草ではないか。

「ということは、なんですか、われわれ管理員は、どんな目に遭っても構わないとおっしゃりたいんですか」

「そこまでは言ってません。けれど、住民の訴えを受けて行動するのが管理員の仕事なんじゃないですか」

そむけて嫌がっているにもかかわらず、顔を近づけて話をするのだった。そんな彼いわく、「最近の足場大工さんは外国人ばかりで日本語が通じない」。日本に出稼ぎに来ている外国人だろう。黙々と働くので傍から見ていて気持ちがいい。

「ですから、すぐさま業者に連絡し、善処させていただきました」

「だからといって、うちに寄越せなどとは言ってません！」

あとは平行線であった。

怒り狂った江守さんは管理会社に連絡し、フロントマンに訴えた。

あんな生意気な口を利く管理員はいない。管理員としての分を弁《わきま》えていないばかりか、住民を無視している。お宅の管理員教育はどうなっているのか……。

お定まりのクレームではあったが、管理会社としては顧客の機嫌を損ねる行為や言動そのものがタブーである。家内から江守さんに謝るようにと会社からの指示があった。

しかし、家内としては頭を下げなければならないほど、悪いことをした覚えはない。彼女は私に宣言した。

「私、絶対に謝らないからね」

私としてはことは穏便に済ませたいところだったが、いったん火がついてしまった家内が易々と引き下がるとは思えない。ここは余計な口出しをせず、とにかく推移を見守ることに徹するしかない。

フロントマンの指示を突っぱねた家内に対して、その上司である部長がやってきて説得にあたった。

事態は好転するどころか悪化した。きっかけは部長の「私など、どんな理不尽なことでも家族のためには頭を下げます。*今までそれで飯を食ってきているんです」という言葉であった。家内は、そんなことをしてまで仕事にしがみつきたくない、どうしても謝らねばならないのなら辞める、と言い出した。

ついでやってきたのは、私たちを雇い入れるとき、面接官を担当していた人事課長であった。その人事課長は、家内をいたく気に入ってくれ、家内も私もひそかに信頼を寄せている上司であった。

私はもうそろそろ話の落としどころではないかと、家内にそれとなく持ちかけてみた。しかし、真剣に悩んでいる家内を見ると、謝れなどと言えなくなってしまうのだった。

人事課長は、家内の真剣な顔を見、話を聞き、「奥さんは謝らなくてもいい」と慰めの言葉まで残して帰っていった。

当日、今度は常務から電話があり、強い口調で、顧客の機嫌を損ねる言動を叱

家族のためには頭を下げます
自分の矜持のためではなく、家族の生活のために我を殺して働いている人は多い。おそらくサラリーマンの大半がそうであろうし、私もそのひとりである。家内にはそのあたりの機微が斟酌できない。部長の姿勢は「男としてあまりにも情けない」となってしまったのだ。

責され、あらためて謝罪を要求された。家内が勇を鼓して、「誠に申し訳ありませんが、その求めには応じられません」と答えると、「もう一度考え直してくれないか。あと1日だけ待つ」と言われた。その様子はどうやら最後通牒のようであった。

短かった管理員生活もこれで最後か——私は思った。

しかし、なんだかんだいっても30数年この方、結果的に私を支え続けてくれた彼女だ。ここで自分勝手なことは言うまい。

一晩よくよく考えたであろう家内は翌朝、私にこう言った。

「やっぱり私、謝ることはできない」

やはり、そうか。彼女にはゆるぎない精神が根付いているのだ。今度は私が支える番だ。

彼女の代わりに私が常務に電話し、その思いを伝えた。黙って聞いていた常務は、すぐに連絡するから、このまま待機するように、と電話を切った。

住民への謝罪要求は会社からの業務命令であり、その命令に従わないのは社員としての業務命令違反となる。おそらく解雇を言い渡されるだろう。私は覚悟を決めた。また職探しが始まるが、それも仕方ない……。

30分後、電話が鳴り、常務は「明日、社長にそちらへ行っていただくことになったから、待つように」と言った。

翌日、高齢で足が悪いという社長がクルマを運転し、ひとりで来所した。

「このたびのことは、奥さんには本当にご苦労さまなことでしたね」

「こちらこそ、社長にまでご足労いただき、申し訳ありません」

叱られるのを覚悟していた家内は、深く頭を下げた。その穏やかで責めのない社長の眼差しに、彼女は心の中が見透かされた気がしたのだ。

「お見受けしたところ、じつに綺麗にしておられますね。これだけきちんと整理しておられるのだから、仕事もちゃんとしておいでなのでしょう」

部屋の中へさりげなく目をやりながら、社長が続けた。

「おおよそのことは常務から聞いています。ですが、こうやって奥さんのお顔を拝見していると、謝ってほしいとは言えなくなってしまいました。こんなときは、なにもかも忘れて旅行でもするのが一番です。ここが本当にダメということなのであれば、どこかいい物件に移ってもらうということもできるのですが……」

社長は静かに語りながら、カバンから取り出した小さな箱をテーブルに置いて続けた。

「これは私からの個人的なお見舞いということで、どうか気になさらずにお受け取りください」

去っていく社長を見送った家内は、いつのまにか辞めるという気持ちが失せ、あの社長のいる会社なら世話になってもいいのではないかと思ったという。そして社長が置いていった小さな紙包みには2泊3日の旅行ができるほどの金員が入っていたのであった。

住民の快適な住み心地のために心を砕く――そうした管理員であるためには、管理員自身がそのマンションを好きにならねばならない。

そのためには、管理員が管理組合からも管理会社からも尊重される必要があるだろう。

管理組合だけでなく、管理会社からも軽視されがちな管理員に対してこのように接してくれた社長の姿勢に、私たちはじんとくるものを感じたのだった。

第4章

マンション管理員の用心と覚悟

某月某日　3大トラブル：逆ギレモンスター登場

マンションの3大トラブルというのがある。一に無断駐車、二にペット、*三に生活騒音と続くのだが、これは今後も集合住宅の永遠のテーマとなるだろう。

来客用の駐車スペースが2台分しかない「泉州レジデンス」では、新理事たちが就任してから、外来者の駐車ルールが変わった。それまでは適当に空いているところへ、勝手に停めておいてよかった。

多少、親切心のある住民さんは「ちょっとクルマ停めさせてもらうで」と管理員に断る。それが唯一のマナーだったのである。

だが、新しい理事たちは、部外者が買い物ついでのパーキング場として無断利用しているとして、「外来のクルマはすべて管理員室で手続きを経てから、一時駐車許可証をダッシュボードに置いてもらう」というシステムにした。

たしかにそうすることで、常時停められていた無断駐車の回数がぐんと減った。

ペット
マンションによっては「ペット可」としているところもあり、その場合は管理規約ではなく、使用細則にその定めがある。定めがない場合、「愛犬クラブ」のような名称での会を設け、その会長に許認可権を与える。しかし、たいていのマンションは認めておらず、管理規約の条文では「区分所有者または占有者は専有部分、共用部分のいかんを問わず、犬・猫等の動物の飼育及び持ち込みを

ある意味、新システムの勝利だった。

ところが、5分や10分の短時間では、その手続きが面倒くさいと思うのか、勝手に停めている人がいる。

こうなればマンション管理員としては新ルールに従って警告せざるをえない。クルマに《無断駐車禁止》の貼り紙を貼ることにした。

すると、無断で停めたくせに「なんでこんな紙を貼ったのか、そんなもん貼っていいと許可した覚えはない」などと文句を言いにくる人が出てきた。

貼るといっても、ワイパーに挟んでおく程度。しかも違反駐車に関しては「今後、管理員室を通さないクルマには厳重注意の貼り紙をします」と管理組合が宣言し、その旨、案内板や議事録で告知した上でのことなのである。

これまでの経験でいうと、駐車スペースに停め、「ほんの5分ほどで戻ってきますから」というのは当てにならない。たいてい、その倍から3倍はかかるのである。

一度など、その言葉を信じてエライ目に遭ったことがある。

「ゴミ倉庫の前にクルマを停めていますが、ほんの数分で帰ってきます」という

してはならない」などとしている。ただし、使用細則に則って「小鳥・観賞用魚類」を飼育、または「身体障碍者補助犬」はこの限りではないとの例外規定もある。

ので、「それくらいだったらいいですよ」と許したのがいけなかった。

その日は、生ゴミの収集日に当たっていて、こういうときに限っていつもより多少早めにゴミ収集車がやってきた。

収集車はゴミ倉庫前に停められず、プープーとクラクションを鳴らす。こっちは大慌てで、さきほどの人を探すが、見当たるはずもない。

その音に、なにごとがあったのかとあちこちの階から住民さんが顔を出す……。

結局、10分ほど待ってもらったけれど、戻ってきそうもない。

しばらく別の地域をまわってからもう一度来てもらうことになったが、行き先を聞かずにOKを出した私もいけなかった。

その後、予定の4倍、20分経って戻ってきたクルマの持ち主にひと言注意すると、「それならそうと最初に言ってくれるべきだ」と逆ギレされてしまった。


分譲マンションに逆ギレモンスターのタネは尽きない。

どこのマンションにも「消防活動用空地」というスペースがある。火事があったとき、消防車等が乗り入れ、消火活動を行なうための空所区域だ。

当マンションの場合は、当然ながら、そこを駐車禁止区域としており、バリカー*で遮断し、勝手に駐車や通行ができないようにしている。

ある夜、車のクラクションが何度も鳴り響いた。音は消防活動用空地のある方向からしている。

立駐機の前に別のクルマがあったりして契約者が怒ってクラクションを鳴らしているのだと思った私はパジャマ姿のまま懐中電灯を持って現場に向かった。

勝手にバリカーが下げられ、本来入れないはずの消防活動用空地に堂々と駐車しているクルマがいる。近づいていくと、中から若いお兄さんが出てきた。

「すみません。ここの住民の方ですか」

どこの人物かわからないときには、私はいつもこういう問いかけをすることにしている。

「ああ、そや」

「何階の方ですか」

「なにぃ。ここの住民やいうとるやろが。なんで、お前に教えんなんね」

酒が入っているらしく、ロレツが少しおかしい。

バリカー
上げ下げできるクルマ止めポール。I字型やU字型のものが多く用いられる。「クルマ止め」や「ボラード」などとも呼ばれる。

「ここの管理員なんですが、先ほどから何度もクラクションが鳴ってましたので、こうやってきてみたんです」

「ああ、子どもが鳴らしたんや。それがどうしたんや」

車内を見てみると、たしかに小さな男の子が乗っている。

「ここには住民さんであっても、緊急時と消防活動以外、クルマは停めてはならないことになってるんです」

「停めたらいかんにゃったら停めたらいかんで、ちゃんとカギかけて、入れんようにしとかんかい」

「しかし、バリカーが上がっていて通行止めになっている以上、入ってはいけないということですから、そこはご理解いただかないと……」

「許可得ようにも、管理員室行ったら閉まっとるやんけ」

「管理員室は定時になれば閉まってしまいますので、来客用駐車場に空きがなければどこか他所《よそ》のところ*に停めていただかないと……」

「やかましい。お前では話にならん。理事長、誰や」

「誰って、ご存じないんですか。ここの住民さんなんでしょう」

他所のところ
気の利いた住民さんは来客用駐車場に空きがなければ、向かいのスーパー

「なんでもええ。早う理事長呼んでこい」

この男、ここの住民さんの息子で、現在は別の市に住んでおり、親の家に一家で遊びに来ているのだった。

聞くところによると、その昔は知らぬ者がいないくらいのワルだったという。そのなごりなのか、男によれば、駐車禁止区域であろうがなんであろうが、来客用駐車場が満車になっており、駐車禁止区域のバリカーが下にさげられる状態になっていれば、停めていいというリクツになるのだった。

ここからあとはご想像におまかせするが、男の大声で小さな男の子は怯えて泣き出し、男の嫁がやってきて男より激しく怒鳴りまくるは、家内は家内で応援にくる、理事長はその間を取りもつは――で、たいへんな夜になったのであった。

いずれにせよ、マンションの３大トラブルにこうした逆ギレモンスターはつきもの。

将来、管理員として優雅な余生をすごそうなどとお考えの向きには、深甚なる用心と覚悟のほどをお願いしておきたい。

の駐車場に停める。さもなければ、近くのコインパーキングに停める。だが人間は怠け者にできている。ちょっとでも歩く距離が長くなると知れば、駐車禁止区域であろうがなかろうが、とりあえず――という気になるのである。

某月某日　不思議な家族：その正体とは⁉

「泉州レジデンス」は分譲マンションである。だからといって、住民のすべてが区分所有者であるというわけではない。そこに居住していないオーナーもいて、そういう人たちを「外部区分所有者」もしくは「不在区分所有者」という。この人たちが他人に貸すとそれが「賃貸住戸」となる。

1階に位置する109号室は、いわゆる角部屋で、他の住戸よりは間取りが広く、平米数もそれなりに大きくなっている。大所帯向きの物件で、ここが賃貸住戸となっていた。

この11年間で5家族が入れ替わったが、なかでも変わっていたのが大浦さん一家だった。老夫婦2人とその娘さん、そしてそのお子さんであろう男女2人の子どもたちという家族構成。

引っ越してきて数週間後、大浦さんのご主人から「たくさんもらったから、手伝ってください」と、食べきれないほど大量の生卵をもらった。それ以来、顔を見れば挨拶を交わすようになった。老夫婦はとても感じのよい人たちだった。

大浦さん一家が越してきて、２カ月も経たないころから、見知らぬ人が館内をウロウロするようになった。エントランスに表示された居室案内板を眺めては、同じところを行ったり来たりする。ひとりならまだしも、複数いた。

とくに白髪で、がっしりとした体格の老人の行動が目についた。１日のうち何回もエントランスにやってきては、誰かを待つかのように大浦さんの部屋のある方向を見つめているのである。

買い物に行く家内も気味悪がるくらい頻繁にやってくる。理事長がその行動を見とがめて注意したほどだった。

ある日のこと。１階の大浦さん宅の前で大声がするので、管理員室を出てみると、大浦さんの奥さんが、あの白髪の老人と言い争っている。

内容はわからないが、奥さんがヒステリックに「警察を呼びますよ」と叫ぶと白髪老人のほうは「ああ、呼べよ」などと応戦している。どうやら奥さんのほうがストーカー被害に遭っているような感じだった。

なにかあったら駆け付けようと私も遠巻きに様子をうかがい、近所から住民が顔を出したこともあり、男は毒気を含んだ憎々し気な表情で奥さんをにらみつけて帰っていった。

このときはこれで済んだが、どうもその諍《いさか》いは繰り返されているようだった。それを目撃した住民さんが管理員室に知らせてくれたりした。私も家内も大浦さん一家になにもなければいいが、と心配していた。

そんなある日、真っ黒の下地に金色の刺繍を縫い付けたTシャツの若い男がやってきた。誰が見ても、その筋だとわかる風体だ。その男は居室案内板*をしばらく眺めたあと、事務室にやってきて訊ねる。

「109号室は空欄になってまっけど、誰も住んどらんのですか?」

「いや、住んではおられますが、名前が表示してない場合は住民さんの意思で外してあるんです*」

「誰が住んでるか、教えてもらえんですか?」

もちろん、こんなアヤシイ男にハイハイと応じるわけにはいかない。

「お宅はその住民さんと、どういうご関係で?」

居室案内板
ここは、部屋番号と苗字のみが掲示してあり、何階のどこにどんな名前の人が住んでいるのかがわかるようになっている。言ってみれば「集合表札」である。

住民さんの意思で外してある
1枚の小さなアクリル板

「友だちです」

あの老夫婦に、こんな年若い友人がいるとは考えられない。マンション管理員としては住民を守らねばならない。私は勇気を振り絞って反撃に出た。

「だったらご存じでしょう。ご友人なのであれば直接、ドアをノックして訪ねてみられてはどうです」

「ああ、どうも留守みたいでね。また来さしてもらいますわ」

男はそれっきり、二度と現れなかった。その代わり奇妙なことが起こった。

とある法律事務所の弁護士から「これから大浦さんの所在を訊ねる者があったら、当職に連絡を――」という趣旨のハガキが届いた。

なにかあったのだろうとは思ったが、なにがあったのかは書かれていない。

それから幾日も経たないうちに、いつも１０９号室の賃貸手続きを代行している不動産屋から連絡があり、大浦さん一家が急に引っ越すことになったという。

しかも、深夜の2時が明け渡し時間なので、その時間まで待機しなければならないというのである。

つまりは、夜逃げなのだった。賃貸の場合の水道料は賃借人が払う＊ことになっ

で住民さんの名前を貼っておくのだが、いつのまにか外されている場合がある。こんな場合は、自然に剥がれたのではなく、故意に本人が外したものと考えていい。気を利かせて貼り直しておくと、また剥がされている。要は、ここに住んでいることを他人に知られたくないのである。

水道料は賃借人が払う
一般的には、水道料金は

ている。これ以上、水道を使わないとわかった時点での数値を賃借人立ち会いの下で記入し、それを請求することになる。明け渡しの深夜2時にそれを行なうので、私も立ち会わねばならないのだ。

私は、その不動産屋さんとともに引っ越し作業が終わるのを待った。まさに暗闇の中での「手探りの引っ越し」だった。まあ、その間の長かったこと！

無事、大浦さんの奥さん立ち会いの下で検針を済ませ、引っ越しも無事完了、やれやれと一夜明けた次の朝、どこで聞きつけたか、例の白髪の老人が管理員室にやってきた。

「大浦さんとこは引っ越したんですか？」

「ええ。引っ越されましたが、それがなにか……」

「怪しいとは思っていたんですが、やはり夜逃げしましたか」

うなだれる白髪の老人によると、大浦さんから儲け話を持ちかけられ、数百万円を出資したが、そのまま返ってこなくなったという。

彼は自分の金を取り返そうと大浦さんの住まいを突き止め、何度もこのマンションを訪れていたのだ。個人的に貸したものゆえ、警察や司法に訴えるワケに

区分所有者が払う。しかし、その住戸を他人に貸した場合、賃借人に支払わせる。その賃借人が水道料金を払わない場合、オーナーが支払わなければならない。なかには何カ月も滞納していて、十数万円に及んだ例もある。夜逃げの場合は、とくにその可能性が高い。料金を踏み倒されないためにも、賃借人本人の立ち会いの下で、そのメーター数を確認させるのが、管理会社のセオリーになっている。

もいかず、自力で取り返そうとしていたのだろう。

そういう事情を知らない私たちは大浦さんを被害者だと思い、彼らをかばって「今日、こんな人が訪ねてきていましたよ」といちいち報告し、妙な味方をしてしまっていた。

これもあとからわかったことだが、大浦さんはどうやら寸借詐欺の大物みたいな存在だったらしく、あちこちに儲け話*をして金を出させ、それを着服していたらしい。思うに、やくざ者と見えた男性はきっと街金の取り立て屋で、館内をウロウロしていた見かけぬ人々もみな、なんらかのカタチで大浦さんに金をむしり盗られた〝被害者〟たちだったのだろう。

某月某日

防犯カメラ：防げる犯罪、防げない犯罪

マンションにおける防犯カメラというのは、基本的に犯人逮捕のための道具というよりは、犯罪防止のための抑止力である。

儲け話　大浦さん一家は数羽のメジロを飼っていた。メジロは個人で買ってはならない鳥だ。彼らが引っ越す少し前、植栽のツバキにメジロが留まっているのを見かけた。奥さんに「最近、メジロの鳴き声がしなくなりましたね。放鳥したんですか」と訊ねると、気色ばんで否定された。今思えば、禁鳥を売り買いして儲けていたのかもしれない。

もちろん、結果としてそれが犯人特定につながることもあるが、マンションのそれは威嚇のためであり、〝ダミー〟であることも多い。

私たちが「泉州レジデンス」に赴任したとき、そこにはホンモノの防犯カメラはひとつしかなかった。あちこちにあるカメラは、エレベーター内のそれ*を除いて、すべてダミーが厳めしい自己主張をしていたのである。

しかし、当時、屋上の踊り場で飲食されたり、敷地内でイタズラが頻発したことで、防犯上の必要に駆られてホンモノの設置を理事会に上程することにした。

理事会でもすんなり承認され、いざホンモノの防犯カメラの設置と相成った。

その防犯カメラのモニターは画面が最大9分割できることから、都合9カ所にカメラを取り付けることとなった。従来のダミーと合わせて、マンションのそこここにカメラが設置され、それなりの圧迫感をもって周囲を睥睨《へいげい》するカタチとなる。

「あんなもん付けて、いっつも監視されてるようで気分悪いワ」と文句を言う人もいれば、「逆にあれぐらい付けてくれても、まだまだ足りんぐらいやワ」と逆方向の苦情を言う住民さんも出てくる。

エレベーター内のそれ
古くからいる住民さんによると、もともとエレベーターには防犯カメラは付いていなかったという。ところが、ある日、エレベーターの中で女子高生がイタズラに遭う事件が起きた。それでその種の出来事を防止するため、防犯カメラを設置したという。

私にいわせれば、そんなものは自分の心の持ち方次第。身持ちさえしっかりしていれば、どこでどんな行動を見られようが恐れることはない。

それを取り付けて以来、いろんな事件が起きた。*

まず、イタズラの犯人がどの場所で、どのような行動をしているかが手に取るようにわかるようになった。

これにより、被害者の要望さえあれば、証拠映像を警察に提供することもできる。その成果があってか、これまで頻繁だった駐輪場でのイタズラや盗難が減った。

だが、それまでのダミーと違って、手を伸ばせば届く位置にあるので、なにかをやろうとする者には目立ちすぎ、それがゆえにカメラの向きを変えたり、身に着けていた帽子やジャンパーをレンズに被せ、その間に〝仕事〟をする少年たちも出るようになった。

このような手合いにとっては、顔が映ることなどなんとも思っていない。カメラの前までズカズカと歩いてきて、レンズを遮断するのである。

周囲のカメラすべてに覆いをかけられると、その間の彼らの行為は一切見えな

いろんな事件が起きた　記録が残るので、それまでより被害が目立つようになったともいえる。一番多いのはカギをかけていない自転車の盗難。そして自転車の破損。中高生たちが自転車の後部泥除けについている反射板を次から次に蹴飛ばし、取っ外してしまうというもの。それのなにが楽しいのだろうか。

い。何分か経ってそれを取り去り、帰ってゆく彼らの姿は、犯行後のものでありはしても、「犯行現場」とはならないのだ。

本気で悪さをしようとする者にとっては、自分の顔が防犯カメラに映ろうと映るまいと関係ない。目当てのモノが手に入りさえすればいいのである。

目当てのモノというのは、自転車のサドル。なんでそんなものを所望するのかというと、サドルの支柱はパイプ状になっていて、そのパイプの先を50ccバイクのカギ穴の円周にすっぽりと差し込んで、それ自体を引っこ抜く。そうしてイグニッションの線をつないで盗んだ上で暴走族の乗り物にするのである。このことは警察官から教えてもらった。

ただし、どんなタイプのサドルでもよいというわけではない。バイクのカギ穴ぴったりの径のものでないと使えないらしいのだ。

抜き取られたサドルはそのまま現場に捨てられている。

彼らの目的はバイクを盗むことにあるから、用無しになったサドルをわざわざ元に戻したりはしないのである。

これまで最高、5本ものサドルが同時に抜き取られていることがあった。いろいろとサイズを試した結果なのではあろうが、自転車の持ち主であるはずの住民から被害届が1件もなかったのは不思議といえば不思議であった。いずれ廃車にする予定の自転車だからなのだろうか。

被害届は直接本人が提出しない限り、こちらとしてもどうしようもない。被害者が訴え出ない以上、警察としても動きようがないからだ。

ちなみに、経験者はご存じだろうが、被害届はたいへんに厄介かつ面倒なもので、その手続きを終えるのに優に2~3時間はかかる。一度経験した人は二度と行かない。

ある人によると、調書を取るのにすぐ対応できず、30分も待たされた上、ああだのこうだのと質問を挟まれ、結局はカギをかけておかなかったのが悪いだの、やはりダブルキー*にしておかなければいけないだのとお説教を食らい、都合1時間以上もムダな時間を費やされた*という。

一度、現役警察官である住民さんに自転車盗難被害のことを相談してみたことがある。

きっと仕事外のことに余計なクビを突っ込みたくなかったのであろう。「悪い

ダブルキー
後輪に付いている本来のカギに加えて、前輪にもチェーン式のカギをかけておくことで両輪が回転させられず持っていくことができない。警察が盗難防止用に推奨している。

ムダな時間を費やされた
これで犯人の特定につながるかといえば、なんの助けにもならない。結局は犯人が捕まらないばかりか、なしのつぶてになるのがオチなのだ。

奴もいるもんやなー」で終わりだった。ここでも、やはり民事不介入なのだった。

某月某日　モニター確認：防犯カメラを見せられなかったワケ

いつも立駐機を使っている住民が、モニターを見せてほしいとやってきた。クルマのボンネットが凹まされていて、駐車場の前の公園から飛んできたらしいボールかなにかによるものではないか、というのであった。見に行くと、たしかにそれらしき痕はあった。

本人いわく、入庫する前にはそんなものはなかった。入庫しようとしているとき、公園で子どもたちがボール遊びをしていた。だから、自分が入庫し終えた後に、そのボールが当たった痕に違いない。その時間より以降にビデオ録画されているはずだから、ぜひ見せてほしいという。

防犯カメラの記録映像は、われわれ管理員が勝手に見せることはできない。使用細則によると、「防犯ビデオカメラ映像確認依頼書」の提出だの、理事長と理事長の指示した者の承認など、いろいろと小難しいことが書いてある。

しかし、この場合、理事長におうかがいを立てるまでもなかった。

その駐車場前の防犯カメラこそ、ダミーだったのである。

しかし、９台ものビデオカメラを新規に取り付けたと議事録でお知らせしている以上、迂闊な言葉を吐くわけにもいかなかった。このカメラがダミーだと住民に知れれば、口コミで広がるのは目に見えている。抑止効果をなくさないためにも、ここはうまく納得してもらわねばならない。

「それがですね、モニターというのはあんまり精度がよくなくてですね。ボールのような小さなものは映りにくいんです。拡大すればするほど粒子が荒れて、モザイクを見ているような状態になるんです。なので、難しいと思いますよ」

「そうなんや」

がっくりと肩を落とす住民さんに同情心も露わに私は続けた。

「それに時間帯がはっきり何時から何時までとわからないと、何日分も見なければならなくなります。仮に3日間あるとすれば、2倍速で見ても36時間かかります。４倍速にすれば速すぎて、映像が途切れ途切れになるので、肝心なところが見られなくなる恐れがあります＊」

「ふーん……」

「ですから、それが昨日の出来事だとおっしゃるのであれば12時間は画面を見続けていなくてはなりません。しかも、私たちは勝手にビデオを住民さんに見せられませんから、理事長に立ち会ってもらってのことになります」

「そっかあ。たいへんなんやね」

しばらくの間、納得がいかない様子ではあったが、最後には吹っ切れたように
「しゃーない、自腹で修理するワ」と言ってくれた。

半分ダマしたようで心苦しくもあったが、これもマンションの治安を守るための方便なのである。

某月某日　**ありがたい理事**：管理員の強い味方

マンションを管理する管理組合の理事や管理会社のフロントマンの意識次第で、

肝心なところが見られなくなる恐れがあります　4倍速は4秒ごとの画面を表示する。ということは、その間の数秒間が映っていないということになる。つまり、最高でも2秒おき、つまり2倍速でないと、その間の動作は見られないことになる。その確認もじつに面倒なのである。

管理員の置かれる立場は様変わりする。

「泉州レジデンス」は私が赴任した中ではもっとも管理員に理解のある管理組合である。

もともと私がパソコン作業に通じていたことから、数多くの書類作成を必要とした理事会にとって重宝され、それをきっかけに信頼関係を築いていった。

なかでも四宮理事は管理員にとって強い味方である。

四宮理事の持論は「管理員は午前9時以前または午後5時以降は仕事をせずともよく、それをするとかえってあとから赴任する管理員さんに迷惑となる」というもので、私にしてみればまさに至言。

たしかにそれをされると、あとから入ってきた者に時間外業務が押し付けられることになる。

ある日のこと、自治会の会長さんがやってきて「夕方7時ごろ、14階から氷の塊や水の入ったペットボトルを落として遊ぶ子どもがいる*。人に当たったら、たいへんなことになるので、注意してもらえないだろうか」と言う。

私は、それまでに別の住民からその報告を受け、即座に対応して階上から非常

ペットボトルを落として遊ぶ子ども
とあるマンション管理員さんのブログを読んでいると、同じような出来事があり、その管理員さんは悪ガキの頭を引っぱたいて、その子の親から会社に通報されたという。そしてフロントマンは「とにかく謝れ」の一点張りで、ついに土下座するハメになったらしい。他人事ではない話である。

階段を降りて逃げていく少年たちに注意し、二度としないように叱っておいた後だったのだが、その言い方に穏当でないものを感じた。

見た目はいつもの、ニコニコ顔の自治会長さんではあったが、目は笑っていなかった。きっと住民の誰かが「あんなことが起これば、人命にも関わる。管理員さんに注意するよう頼んでくれないか」と強硬にクレームをつけたのだろう。

「その件に関しては、男の子たちには二度としないよう、きつく注意しておきましたので大丈夫でしょう。もしまだ目に余るようなら、警察に言って巡回してもらうようにします」

「警察に巡回してもろてもねぇ……」

おそらく自治会長さんは、私にその役をやらせたかったのだろう。

自治会（町内会）としてその役回りをさせられるのが嫌で、私にお鉢が回ってきたというわけだ。

たまたま訪れた四宮理事にこの件を報告したところ、自治会の会員も兼ねている理事はすでにこの話を小耳にはさんでいたらしく、出身の北海道訛りで次のようなおしゃべりを展開をしてくれた。

「みんな勘違いしてンだよな。住み込み管理員というのは、24時間なんでも対応してくれると思ってるんだけど、契約はそのようになってないンだっちゅうの。管理会社だって、管理員にそんなことを命じていないし、その辺の悪ガキに注意なんかしてなにかあっても保障してくれないよ。管理組合だって責任は持てないしサ。それ以上のことがしてほしいんなら、警備員を雇えばいいンだっちゅうの」

まさにそのとおり。私にとってみれば、四宮理事のご高説はうなずくところ大であり、これがマンション管理業界の常識であるべきなのだ。

「他人まかせにしといて、なんでこうなるのって言ったって、もう遅いって。嫌だ嫌だって、たらい回ししてるうちに、どれが誰の仕事だかわかんなくなっちゃうよ。前の管理員なんかは、早朝の7時とか夜の11時とかに巡回して、警備員的な役割も果たしてるって威張ってたけど、私に言わせればなんにもしてないっていうの」

「そうなんですか」

「何手当てというのか知らないけどサ、そんなもののために勝手なことされたン

警備員を雇えばいい　管理業務と警備業務とでは取り扱う分野が異なる。夜間の無断駐車について住民からクレームが出たとき、理事会が夜間の警備業務を警備会社に依頼したら費用はどれくらいかかるのかを調べたことがあった。すると現在、管理会社に支払っている金額と同じだけの警備料が必要と判明した。言うまでもなく、その案は即ボツになった。

じゃ、あとの人に迷惑だっちゅうの。そんなことやってっから、前の管理員さんは、こんなときこうしてくれた、ああしてくれたって住民が文句言うんだよ。まして65をすぎた、メタボな老いぼれ爺さんがパトロールして回ってンだよ。なにかあったって、それを止めるどころか、自分のほうがさきにやられっちまうよ」

それにしても四宮理事はどうしてそんなに管理員業務に詳しいのであろうか。好奇心を刺激されて聞いてみた。

「ああ、前の管理員があんまり仕事をしないんで、管理員ってのはどんな仕事をするんだろと思って、管理員研修センター*に行ってみたんだァ。それも4回講習を受けた。消防関係、受水槽やポンプ関係もみんな教えてもらったよ」

「なるほど、だから管理員の時間外勤務にも太っ腹なんですね」

「太っ腹というより、それが当たり前だからね。勤務時間が終われば、夫婦ふたりで出かけてもらってもいいンだ。なにも待機する必要はないんだァ。その代わり、勤務時間内はちゃんとやってもらわないとダメだけどね」

四宮理事はパソコンがまだ管理員室になかったころ、私にいろいろな書式作成(フォーマット)を依頼し、その作成料ともいうべき残業代を管理会社に支払えと

管理員研修センター
大手ゼネコン系の管理会社による管理員用の研修施設。研修会場や各種施設(受水槽や給水設備、その他の機器)を取り揃え、管理ノウハウを提供している。

命じてくれた。

管理組合の指示を受けた管理員が勤務終了後に在宅で仕事をしているのだから、管理会社がその対価を支払うのが当たり前という論理で押し通してくれたのだった。

第2章で述べた管理組合に比して、なんと心温まる処遇であったことか。同じ理事であっても、「グラン・サルーン江坂」とは大違い。すべての理事たちがこうあってくれればいいものを……。

まさにところ変われば品変わる。世の中、悪い人ばかりではないのだとそのありがたさに目頭が熱くなったほどだった。

某月某日　**薬剤散布**：赤線引いて目立つようにしといてもらわんと

管理員をコンシェルジュかなにかのように使いまわす住民さんは、けっこう多い。なかには「外出中に女房が買い物に出てしまって部屋に入れないから、カギ

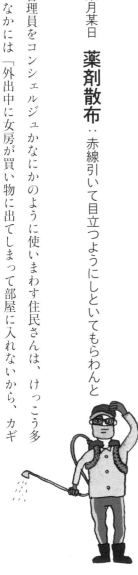

を貸してほしい」*と言ってくる人もいる。

分譲マンションの管理員は個人邸のカギなど預かってはならず、部屋に入れてあげたくても、それができないのだ。しかし、それが住民にとっては「気が利かない」「冷たい仕打ち」となる。

先般、植栽に薬剤散布を実施した。

「泉州レジデンス」では、薬剤散布は20年以上にわたって年2回行なわれている恒例行事である。いつも予定日の2週間前に掲示板に告知し、そのときにしなければならない注意事項を明記している。

たとえば、「クルマの駐車位置を植栽から50センチほど空けて停める」「犬・猫・鳥・水槽等を室内に取り込む」「洗濯物・布団など干し物を室内に取り込む」「実施日は植木類に手を触れない」ほか4〜5項目となっている。

しかし、薬剤散布の時刻になっても、掲示した注意事項のとおりに移動してくれているクルマなど一台もない。

それで、作業に取りかかる前に植栽前の駐車場にクルマを停めている持ち主数人に、少しだけ前方に移動してもらうよう電話でお願いすることになる。

カギを貸してほしい
賃貸の場合は、管理員がマスターキーなどを管理している場合もあり、もともと賃貸に住んでいた住民さんがこうした感覚で聞いてくる。最近の管理員研修指導では、トラブルを避けるため、管理員は基本的に個人邸に一人で入らないこととされている。なので個人邸に入る場合は、理事の誰か（たいていの場合は理事長だが、時によってフロントマン）に同伴してもらう。

たいていの人は「すみません。すぐどかします」との快い返事で、ほっと一安心。ほとんどの方は好意的かつ協力的だ。

だが、たったひとりだけ憮然とした表情の男性が管理員室にやってきた。

「管理員さん、これはあかんわ。こんなことは事前に言うといてくれんと」

「申し訳ありません。今日のことは２週間前からエレベーター前や、ピロティ*の掲示板にも告知させていただいているのですが……」

「それは知ってるけど、急に言うてもろてもやな」

「貼り紙にもありますが、作業が本日の午後１時からとなることも告知させていただいておりまして……」

「作業時間は、たしかにそうなってんのかもしれん。けど、あんなもん、赤線引いて目立つようにしといてもらわんと、移動のことまで伝わらへんがな。次回からはしっかり頼むで」

たとえ、彼の言うとおり、その部分に赤線を引いてあったとしても、当人は気づかないまま、当該時刻を超えてしまったことだろう。

注意事項にせよ、実施日時にせよ、満遍なく注意を惹起するためには、すべて

ピロティ
２階以上の建物において地上部分が柱だけの空間とした建築形式。地震の横揺れにより、その柱の付け根が折れて建物全体が崩れることになるため、阪神淡路大震災では多くのピロティが倒壊した。「泉州レジデンス」のピロティはその上部構造が建物ではなく、そのまま屋上になっている。

の項目に赤線を引くことになってしまう。全文に引かれた赤線が意味を持たないことは言うまでもない。

同じ薬剤散布の件で、夫婦で管理員室に怒鳴り込んできた事例もある。

江月内さんのクルマは、薬剤散布をする植栽の前の平面駐車場に停めている契約車で、電話連絡をしたときには不在で連絡がつかなかった。一応、造園業者にはクルマに薬剤がかからないように釘を刺しておいたのだったが……。

薬剤散布のあったその日の夜、私が風呂に入っていたとき、家内がバスルームの扉を叩き、「早く出てきて。江月内さんがいらしてる」と言う。

季節は10月も半ば、夜になればもう冷え込んでくる。

家内があまりにも「早く早く」と急かすので、下は素っ裸のまま、ガウンを羽織り、頭は濡れネズミの格好で管理員室に出ていった。

江月内夫妻は丸椅子に掛けて待っていて、私の顔を見るなり、「あれはなんなんですか」と奥さんがヒステリックに怒鳴りだす。

「今日の薬剤散布のことですよ。薬剤がうちのクルマにかかっていたんです」

「ああ、それは申し訳ないことをしました。すみません」

「すみませんでは済みませんよ。いくら安物のクルマだからといって、断りもなく汚すなんて許せません」

よほどウップンが溜まっているのか、奥さんの話はなかなか終わらない。

「いや、本当にすみません。明日、業者に言って注意しますので、今日のところはこれで……」

ようやく彼女の気が収まったのは、来室から40分がすぎたころだった。ガウン一枚濡れネズミの身には、その時間のなんと長かったことか。

翌朝、造園業者に電話したところ、「昨日は風が強かったですからね。それで飛沫がかかってしまったんでしょう」という返事。

その足で菓子折を買ってきてもらい、２人で平身低頭、謝りに行くことにした。奥さんが出てきて対応したが、最後の最後まで断り続けていた菓子折を根負けしたように手に取り、「なんだか、これを要求したみたいで、申し訳なかったわね」と言ったのだった。

某月某日　**自殺志願者**：異様に高い手すりの理由

私が「泉州レジデンス」に赴任して不思議に思ったのは、最上階の廊下にある手すり*が異様に高いことだった。ふつうは腰の高さをわずかに超え、どんなに高くとも胸の下あたりまでしかないのだが、ここはアルミフレームの格子状の柵で高さも2メートル以上はある。

そのわけはこの物件の分譲開始当初から住む住民さんに教えられて知った。これまでにそこから飛び降りた人が2人いて、いずれも亡くなっているという。二度とそういうことが起こらないようにと総会に諮られ、そこを乗り越えられない高さにまで増設したというのだった。

飛び降りたのは2人ともマンション住民ではなかったが、これがマンション住民となると、ことは厄介になる。なぜなら、管理組合の施設管理能力ならびに責任能力が問われることになるからだ。管理責任はすべて「区分所有法に定める管

手すり
通行人の落下防止のために設けられている廊下外側の壁、または柵（約100㎝×120㎝角のパネルで構成されている）で、その設置個所によって「擁壁」または「パラペット」というが、「手すり」というほうが一般にはわかりやすい。

理者」であり、防火管理の「管理権原者」たる組合の理事長が負うこととなる。

しかし、また事件は起こってしまった。

夜明け前、いつも早朝にウォーキングしている１０２号室の草野さんがインターフォン越しに教えてくれた。

「うちの前の駐輪場に人が倒れています」

行き倒れかなにかかと思いながら、見に行ってみると、たしかに駐輪場の出入り口にあたる通路に人が仰向けに寝そべっている。

近づいてその顔を見ると、薄っすらと口髭の伸びた青年で、息はしていないようだった。どこにも傷やケガらしい痕もなく静かに横たわっていて、どう見ても死体には見えなかった。それこそ穏やかな死に顔だった。

「もう死んでいますよ」

医療関係に勤めている草野さんは至極、落ち着いた声で言った。

私は救急車を呼び、警察にも電話を入れた。遺体を見るのが初めてではなかった私は、草野さん同様、平然としていた。言い方は悪いが、なんの感情も湧かなかった。この時点では、私の頭の中は「行き倒れ*」だったのである。

行き倒れ
法律的にいうといわゆる「行旅死亡人」という

「おそらく飛び降り自殺でしょう。あの上から飛び降りたんです」

草野さんは、まだ明けきらない空に聳《そび》えるビルの先端を指さして言った。

しかし、2メートルを超えるあの柵をよじ登ることができるだろうか。ゴム底の地下足袋を履いてでもいない限り、あれを越えるのは不可能ではないか。

救急隊員がやってきて即座に人工呼吸*を始めた。が、救助できる見込みがないと悟ったのかすぐにやめた。

その後、数人の警察官や刑事らしき人がやってきて、防犯カメラを見せてくれと言う。何度も巻き戻してたしかめると、駐輪場のモニターには足の先が落ちていくのだけが映っていて、その動きでなにが起こったかがわかった。

実際にバウンドしているところは見えなかったが、一旦駐輪場の屋根にぶつかり、その反動で後ろのめりになったまま、身体ごと地面に叩き付けられたのだと想像できた。

上階に行っている警察官と携帯無線でやりとりしていた刑事が「やはり間違いないな」とひとり言のようにつぶやいたあと、私に「飛び降りです」と言った。

「13階の擁壁によじ登った痕跡がありました。靴跡も一致しています」


のに当たる。身元もわからない死体は警察に通報するよりない。管理員としては「人が倒れています」と言われたところでどうしようもないのである。

人工呼吸
テレビドラマなどでやっている人工呼吸とは違って、ホンモノのそれはあばら骨が折れるほどの力で押すのだと初めて知った。救急隊員は5～6回も押したかと思うとすぐにやめてしまった。

自殺者は、14階の手すりを越えられず、その下の階から飛び降りたのだ。施設管理者として管理組合の責任は理事長にある。他人事ながら、理事長も心を痛めたに違いない。人の死というのは、それが他人のものであっても、人の気持ちを沈ませるものである。

死にたいという人の心を救う手立てなど思いつきはしないが、せめてなんとか防ぐことができなかったかと家内と話し合っていたのだった。

家内いわく、「若い身空でほんともったいないわね。昼間だったら、まだとめる余裕もあったんだろうにね」。

たしかに、われわれが寝静まった真夜中にことを起こされたのでは手の施しようがないのであった。

そんなことがあってから、数年をすぎたころだった。

エレベーターに乗っては最上階に行き、下に降りてきてはエントランスを出ていく若い男性がいた。歳の頃は24～25歳くらいだろうか。今どきの若者の格好をしている。その行動を奇異に思ったのは家内だった。

私と違って、自分でも観察眼が優れていると自負する家内*によれば、その男性は目が座っていて、心ここにあらずの顔をしているという。

家内に言われてモニターで確認してみると、朝から何度も、それも40～50分おきに館内を出入りし、同じ行動を繰り返している。

たしかに不審であった。彼はただ最上階の踊り場にある例の柵の前まで行っては、そこをウロウロし、時には眼下を見下ろしてじっとしているのだった。

数年前の自殺の一件を思い出した私たちは、彼が出て行ったのを見定めて警察に連絡し、目立たないようにきてほしい旨を告げた。

われわれが見守る中、彼は本当に再びやってきた。

家内がエレベーターに乗り込もうとする男性に走り寄り、その腕を捕まえて言う。警察官が到着するまで、なんとかして引き止めなければと彼女は必死だった。

「あなた、ダメよ。そんなきれいな顔をして、死ぬなんてこと考えちゃ。私みたいにおばあちゃんならともかく、まだまだ若いんだから、そんなこと考えちゃダメ」

そうこうするうちに、2名の男性警察官と1名の女性警察官がやってきて、男

自分でも観察眼が優れていると自負する家内
ぐうたらで物事の推移にもあまり関心がない私とは違って、好奇心が強く、積極的に推理を働かせる彼女は九州出身で気が強い。おっとりした風土の京都育ちでのんびり屋の私とは意見が異なることもしょっちゅう。じつはこのときもその男性の様子を見てなにも思わなかった私は、最終的には平謝りの体たらくだった。

性に職務質問をし始めた。

警察官の職務質問と説得で、彼は付近に住む専門学校生で、死のうと思って何度もこのマンションに出入りしていたことを認めた。

家内の観察眼とビデオカメラの設置が功を奏したのである。

結果的に私たちは予測不可能な自殺企図者の実行を制したことになった。あのときふと思った「予防」が成功したのである。

そう思うと、警察からはなんの謝辞もなかったことも忘れて、心底、人を救えた喜びを味わったのだった。

某月某日　一致団結：一生忘れられない光景

平成30年9月4日。近畿地方にかつてないほど強力な台風が襲った。25年ぶりとなる「非常に強い勢力」で日本に上陸した台風21号は、第二室戸台風を上回るとされる力で、私たちのマンションを襲った。

台風21号が「泉州レジデンス」を襲ったその日、管理員室にいる私に被害の第一報をくれたのは、いつも親しくさせていただいている住民さんだった。

「管理員さん、ものすごい風やわ。そこの車路の天井が割れて、あちこちに飛んでるわ。もう滅茶苦茶になってるで」

急いで見に行ってみると、その言葉どおり、現場はひどいことになっていた。天井全体を覆っていたスレートボードの破片*があたり一面に散乱している。

雨と風はますます勢いを増し、囂々《ごうごう》と音を立てて、マンション中を駆け巡っている。風の中に立とうものなら、一気に身体ごと壁に叩き付けられるのは目に見えている。

と、そこへひとりの男性が吹き付ける強風に身を屈め、車路に向かってゆっくりと歩んでいるのが見えた。そしてさらに一歩を進めようとしたとき、上空から3メートル四方もあろうかと思われる物体が斜め雨とともに飛んできた。

強風に交じって大きな音が聞こえた。見ると、それはあの自殺防止柵の一部だった。もう少しで下敷きになるところだった男性は、もと来た道を引き返し、迂回して管理員室にやってきた。

スレートボードの破片
石膏ボードでできているため、いったん崩れ出すと、その破片がボロボロと地面に落ちてくる。天井のどこかに経年劣化による亀裂が生じていて、そこから強い風が吹き込み、どこへも行き場のなくなった空気がヒビの入った一枚のボードをへし折り、ドミノ倒しのように天井板を剥がしていったのであろう。

「管理員さん、屋上に今落ちてきた柵の片割れが引っかかってる。あれ、なんとかせんとまた落ちてくるで」

私は14階に行き、自殺防止柵の残りが風に煽られて、グラグラと揺れているのを確認した。たしかにこのまま放置すれば、数十分もしないうちにこの柵は金属疲労を起こし、またぞろ階下に落ちていくことだろう。いつ何時、その下を人が通らないとも限らない。

私は管理員室に取って返し、自転車の盗難防止用に使っていたワイヤーロープを手に14階に戻った。

戻ってきた現場には、どこで知ったのか、若いご夫婦がいた。

「管理員さん、ひとりでは無理でしょう。私たちも手伝います」

最近、越してきた10階の千束さん夫妻が心配して駆け付けてくれたのだった。

そこは強風が吹き荒れ、すっかり防止柵が消えてなくなってしまった更地のような空間である。まともに風を受ければ、地上へ真っ逆さま。一巻の終わりである。

私は柵の中心部分にある２本の格子にワイヤーロープを巻き付け、その両端を手元に引いた。これをどこかに括り付けねばならない。その場所を物色する私に、千束さんのご主人が言った。

「管理員さん、これを外すにはレンチが要りますね」

私は手に持っていたロープを奥さんに持ってもらい、管理員室に走った。そしてご主人には、モンキーレンチを使って、柵を一枚ものに構成しているボルトの一本一本を取り外してもらうことにした。柵は、縦に伸びる支柱と横棒の支えから成っている。柵を安全に取り外すには、その棒をつなぎとめるボルトを外さなければならないのだ。

だが、そこは落下する危険と隣り合わせの空間。ワラどころか、掴むものとてない最上屋だ。下手をすると、外れた柵と一緒に3人もろとも落下して命をなくさないとも限らない。

そうこうするうちに、どこで聞きつけたのか、風雨の現場に住民さんがひとり、ふたりと駆け付けてくれ、総勢5人体制となった。

夕方になり、あたりが薄暗くなったころ、ようやく柵をつなぎとめていたボルトをすべて外し終え、柵を下に落とす段になった。

住民さんが大きな声で下に叫ぶ。

「気をつけてくださーい。今から柵を落としまーす！」

地上にも別の住民さんがいて、周囲の安全を確保してくれている。

みんな協力的だ。まるでこの世に悪人などいないのではないかと思えるほどだった。

「では、行きますよー」

千束さんのご主人*の合図で、私たちは「せーの」と一斉に柵から手を離し、その柵がブワーンと音を立てて地面に落ちていくのを見届けた。

あのとき、私ひとりではどうにもならなかった。駆け付けてくれた住民さんたちの協力がどれほど嬉しかったことか。今思い出しても涙が出そうになる。

私は理事長にお願いし、協力してくださった住民さんたちに感謝状と金一封*を贈ることを承諾してもらった。

感謝状を贈ったのはこの４人だけではない。

車路に散らばったスレートの欠片を拾い集めた人、それらを袋詰めにしてくれ

千束さんのご主人
この翌年、ご夫婦には可愛い女の子が生まれた。ご主人は、今も朝の行き帰りに抱っこした彼女の笑顔をプレゼントしてくれる。

感謝状と金一封
感謝状の文言やデザインは、久しぶりに元コピーライターの力量を発揮させてもらった。金一封についても、一番活躍してくれた人に１万円、それ以外の人に５０００円と提案したのだが、家計を預かる女理事長のひと言で「最高５０００円、そのほかの人に３０００円」となった。たった３０００円でも「たいしたことしてへんのに」と喜んでくれた住民さんのはにかんだ表情が印象深い。

た人、倒れた専用庭の塀の代わりになるものをホームセンターで調達してきて無償で取り付けてくれた人……いろんな手助けをしてくれた人がいた。

感謝状を差しあげた人たちはみな喜んでくれた。力を合わせて助けてくれた人たちの笑顔はシンボリックな心象風景として一生、私の胸に輝き続けるに違いない。

某月某日　おみやげ：ニー・シー・チュンゴレン・マ？

当マンションでは、資源ゴミはコンテナに入れず、朝8時までにゴミ倉庫前に出しておくことになっている。前日や前々日に出す人もいるが、その場合は倉庫内のコンテナの中に入れておく。

ところが、まだ倉庫から出していないのに勝手にシャッターを開け、コンテナの中にあるアルミ缶だけ抜き出して持っていくホームレス男性がいた。注意をすると、なにやら大声を張り上げて不服そうに去っていくのである。

アルミ缶が入手できるのは早い者勝ち。誰のものと定められているわけではないから、われ先にと数人のホームレス男性が入れかわり立ちかわりやってくるようになっていた。

そんな中、始業時間を5分ほどすぎると、どこからともなくやってきて、ゴミ袋の結び目を解き、アルミ缶だけを取り出すと、あとは綺麗に元通り丁寧に結んで帰る女性がいた。

歳の頃は、50代半ばすぎ、真っ黒に日焼けして、前歯が２、３本抜け落ちた歯茎だけが妙に印象に残った。

私の顔を見ると、精一杯作りこんだ笑顔で「お兄さん、ありがと」「お兄さん、ありがと」と何度も繰り返し、それ以外の言葉を話さない。

ほかの男たちのように、その場で缶を潰して大きな音を立てるわけでもなく、静かにアルミ缶だけをえり分け、その場を綺麗にして持って帰る。

こうなると、大声で言い返すようなホームレスよりは、彼女に持っていってほしいと思うのが人情というもの。

ということで、大量のアルミ缶が出たときには、ほかのホームレスには見つからないようにコンテナの中に隠しておき、その女性が来ると直接手渡すようにしたのだった。

2カ月もすると、そんなやりとりを見ていたであろう住民さんの中からも「管理員さん、これもあのおばさんにあげて」とわざわざアルミ缶だけにした資源ゴミをコンテナに入れてくれるようになった。

季節が夏から秋に変わった、ある朝のこと。

彼女の姿が見えたので、いつものように隠し置いたアルミ缶を倉庫から出していると、私に向かってなにやら言っている。よく聞くと、「お兄さん」「タバコ」「吸う？」と言っているらしいと気がついた。

それで、ピンときてなけなしの中国語で「ニー・シー・チュンゴレン・マ？（あなたは中国人ですか？）」と聞くと、そうだとうなずく。

しかし、それ以外にまともな中国語を知らない私は、本場の発音でなにを訊ねられてもチンプンカンプン。

私が日本語でタバコは吸わない、そんな気をつかう必要はない、などと身ぶり手ぶりで伝えると、なんだかがっかりした様子ではあったが、真意は伝わったのであろう。最後は歯の抜けた顔でニッコリと笑い、納得してくれたのであった。

以来、私たちはカタコトの日本語で、ちょっとした会話を交わすようになった。家内などは、いただきものがあったりすると、その女性にも〝お福分け＊〟するのを楽しみのひとつとするようになった。そんなときも彼女は歯の抜けたステキな笑顔で微笑んでくれるのだった。

そうこうして、さらに数カ月経ったころだった。

しばらく姿を見ないので、どうしたのだろうと思っていた矢先、朝一番に彼女がやってきた。これまた身ぶり手ぶりをまじえたカタコトの日本語をつなぎ合わせると、どうやら船で中国に里帰りし、私と家内のためにお土産を買ってきてくれたらしい。照れくさそうな笑顔で手渡してくれた。

管理員室に戻り、いただいた包みを開けてみると、男ものと女もののトレーナーが出てきた。

女もののほうは、黒地の生地に赤や金、ピンクのラメの入った超ド派手な花模様が刺繍であしらわれた長袖。男もののほうは、黒地の生地に金や銀の刺繍で描かれた龍が見る者をにらみつけんばかりに凄む、強面デザインなのであった。

お福分け
家内に言わせると「お裾分け」というのは上から目線のもの。なので、お互い同じ目線で「少しだけですけれど、こちらの幸せももらってくださいな」という意味を込めてこう呼んでいるのだという。

文化の違いといえばそれまで。本国では、それなりに豪奢《ごうしゃ》で男らしさと高級感にあふれ、贈り物として最適なデザインなのであろう。

わざわざ日本まで持ち帰ってくれた気持ちが伝わるだけに、なんともいえず、ビミョーかつ複雑な気分で家内と顔を見合わせたのだった。

「でも、ま、国情や文化が違うとはいえ、こちらの思いが通じたということなので、よかったわ」とはラメ入りド派手花模様トレーナーを感動の面持ちで眺める家内の弁であった。

あとがき――最後の住み込み管理員

マンション管理員になって早13年。長かったような短かったような、じつに不思議な感じがしている。

この13年間を通じて、マンション管理員がどのようなものかがわかり、そこに住まう人々がどんな精神を持って管理員に接しているのかがわかっただけでも、管理員をした甲斐があったというものである。

第2章で述べた「グラン・サルーン江坂」の蟹江氏のような理事長、富田のようなフロントマンがいれば、肉体的にも精神的にもたいへん過酷な職業となることはたしかである。

しかし、現在、私が勤める「泉州レジデンス」のような状態になれば、理事長や理事、住民さんたちからも頼りにされ、充実感もやりがいもそれなりにある。

どこの世界にもさまざまな人がいて、その人たちが好意的に見てくれるようになるまでは、やはり相当な時間と労力を要するもの*なのである。

あるとき、管理会社「レゼルヴ・コミュニティ」のフロントマンがニコニコ顔で「南野さん、これ」と言って、私に数枚の紙を手渡してくれた。

それは「レゼルヴ・コミュニティ」が毎年、総会が終わると実施する、理事たちに向けてのアンケートで、管理員としての私たち夫婦の評価がすべて最高点のものになっていたのだった。

本来そのアンケートは管理員には見せてはならないものなのだが、上長から「ぜひ南野さん夫婦に見てもらいなさい」という指示があり、フロントマンが見せてくれた。上長も会社として評価されたのが嬉しく、誇らしかったのだろう。フロントマンの笑顔がそれを物語っていた。

これを見たとき、ふだん接している「泉州レジデンス」の住民さん一人一人の顔が脳裏によみがえってきた。この地での11年間の仕事が報われた気持ちがした*。ある意味で、人生の集大成ともいうべき体験をさせてもらった「泉州レジデンス」の住民の皆さんには感謝の言葉しかない。

フロントマンは「南野さん、だから絶対やめないでくださいよ」と言ってくれ

相当な時間と労力を要する
理事会のありようやフロントマンの意識次第で、これほど扱いの違う職業も珍しいかもしれない。まさに天国か、地獄か。自分の担当するマンションを手塩にかける気持ちで接していれば、自ずと人の心は馴染んでくる。管理員を生業（なりわい）にしようと検討中の方に、先輩管理員からのささやかなアドバイスである。

報われた気持ちがした
この11年間がなかったなら、この本も日の目を見なかったろうし、家内にも苦労のかけっぱなしで顔向けもできなかった。13年前のあの日、家内

るが、内心その心に感謝しつつも、あれほど元気だった家内がここにきて少々ガタがきているので、ここらあたりでリタイアして、彼女にラクをしてもらおうという気になっている。

私たちが引退した後、このマンションにおいても、管理員は住み込み制ではなくなり、日勤になることがすでに決定している。

最後の住み込み管理員として、住民の皆さんにいつまでも思い起こしてもらえる存在でありたいと念じつつ、管理業務にいそしむ日々である。

２０２０年９月　「泉州レジデンス」管理員室にて

南野　苑生

の選択が生んだ奇跡が今ここに一輪の花を咲かせようとしているのだ。この土に根を下ろすことができてよかったと心から思っている。

南野苑生◉みなみの・そのお
1948年生まれ。大学卒業後、広告代理店に勤務。バブル崩壊後、周囲の反対を押し切り、広告プランニング会社を設立するものの、13年で経営に行き詰まる。紆余曲折を経て、59歳のとき、妻とともに住み込みのマンション管理員に。以来3つのマンションに勤務。毎夜、管理員室で寸暇を惜しんで書き綴ったのが本作である。

マンション管理員オロオロ日記

二〇二〇年　一〇月　一日　初版発行
二〇二〇年　一二月一五日　七刷発行

著　者　南野苑生
発行者　中野長武
発行所　株式会社三《さん》五《ご》館《かん》シンシャ
〒101-0052
東京都千代田区神田小川町2-8　進盛ビル5F
電話　03-6674-8710
http://www.sangokan.com/

発　売　フォレスト出版株式会社
〒162-0824
東京都新宿区揚場町2-18　白宝ビル5F
電話　03-5229-5750
https://www.forestpub.co.jp/

印刷・製本　中央精版印刷株式会社

ISBN978-4-86680-911-3